LA
BOULANGERIE
RÉGÉNÉRÉE.

LE PAIN A UN PRIX TOUJOURS FIXE, INVARIABLE !!

Progrès, Économie, Prévoyance.

PAR

P. GOSSET.

PARIS,

LIBRAIRIE CENTRALE D'AGRICULTURE ET DE JARDINAGE,

Quai des Grands-Augustins, 41.

AUGUSTE GOIN, EDITEUR.

MAI 1854.

TRAVAUX PRODUITS PAR L'AUTEUR

SUR LE MÊME SUJET.

1847.

LE PAIN, CAUSES DE SA CHERTÉ; ON PEUT EN RÉDUIRE LE PRIX. — Brochure in-8°.

1850.

MÉMOIRE SUR LES BLÉS, LES CÉRÉALES, LA CONSERVATION, LES APPROVISIONNEMENTS.

1852.

PROJET SUR LA PANIFICATION, PRÉSENTÉ A S. E. LE MINISTRE DE L'AGRICULTURE.

1853.

MÉMOIRE SUR LE COMMERCE, LES OPÉRATIONS EN BLÉS ET FARINES, LA BOULANGERIE; CE QU'ILS PEUVENT ET DOIVENT ÊTRE.

Paris. — Imprimerie de L. MARTINET, rue Mignon, 2.

LA
BOULANGERIE
RÉGÉNÉRÉE.

Le travail nouveau que je présente au lecteur sur les céréales et la panification et la pensée qu'il exprime peuvent se résumer en ces deux mots : *progrès*, *économie*.

Je reste toujours fortement convaincu que notre système alimentaire a besoin de recevoir de profondes réformes, et que jusque-là notre repos sera toujours menacé.

J'ai travaillé avec conscience, persévérance à provoquer ces réformes.

Le système que je présente renferme toute ma foi... J'ai voulu combattre l'immobilité qui existe dans notre artère sociale la plus délicate. J'ai cherché un accroissement de vie... Je crois l'avoir trouvé.

« Combinaison ayant pour but de déterminer un prix *fixe*, » *invariable* pour la vente du pain à Paris et dans toute la » France, par un système de compensation entre les récoltes » *bonnes* et les récoltes *mauvaises*, aux risques et périls d'un » seul être, sans aucune intervention de l'État et des auto- » rités, sauf celle qui assure toutes les garanties que doit » présenter une si grande entreprise.

» Prix déterminé, 30 cent. le kilogr. »

Il est bien entendu que ma pensée se porte uniquement sur le *pain de pur froment*, et que j'exclus tous mélanges, compositions et autres agents quels qu'ils soient.

Tableau représentant le prix du blé à l'hectolitre du poids de 77 kilogr., son rapport avec le quintal, ou 100 kilogr., son rapport avec le kilogr. — Proportion avec le kilogramme de pain déterminé au prix de 30 c.

PRIX-ACHATS.			
A L'HECTOLITRE.	UN QUINTAL OU 100 KILOG.	AU KILOGRAMME.	
12fr.	15fr. 60c.	»fr. 15c. 600	Le poids de 77 kilogr. à l'hectolitre représente la moyenne entre : 74 kilogr. poids minimum. 80 kilogr. poids maximum. Les blés qui pèsent moins de 74 kilogr. sont considérés comme très inférieurs et n'ont pas cours. Ceux pesant plus de 80 kil. sont très rares et font exception.
13	16 90	» 16 900	
14	18 20	» 18 200	
15	19 50	» 19 500	
16	20 80	» 20 800	
17	22 10	» 22 100	
18	23 40	» 23 400	
19	24 70	» 24 700	
20	26 »	» 26 »	
21	27 30	» 27 300	
22	28 60	» 28 600	
23	29 40	» 29 900	
24	31 20	» 31 200	
25	32 50	» 32 500	
26	33 80	» 33 800	
27	35 10	» 35 100	
28	36 40	» 36 400	
29	37 70	» 37 700	
30	39 »	» 39 »	
Moyenne. 21	27 30	» 27 300	

C'est-à-dire que, en adoptant la moyenne entre les prix considérés comme étant *le plus* bas et *le plus* élevé,

Le blé coûterait l'hectolitre. . . . . 21 fr. » c.
—— le quintal ou 100 kilogr. . 27 30
—— le kilogr. . . . . » 27,300.

Nous admettons pour principe que le pain doit être vendu toujours 30 cent. le kilogr. Il y aura donc entre le prix de vente et le prix achat du blé un écart de 2 c.,700.

Mais nous sommes fondé à accueillir les prix de 12 fr. minimum et 30 fr. maximum comme exceptionnels, sinon exagérés.

Il convient d'adopter un terme moyen, une commune *vraie.*

Nous croyons que cela se trouve dans les prix de 16 à 20 francs, soit 18 fr., ce qui donne le résultat suivant :

Les 77 kilogr. ou hectolitre	18 fr.	»
Les 100 kilogr.	23	40
Le kilogr.	»	23,400,

écart, 6 c.,600 pour former 30 cent.

En faisant le relevé du prix pendant les années dites d'abondance, on trouve pour commune 15 fr. l'hectolitre.

En faisant le relevé des prix pendant les années dites de disette, on arrive à 25 fr. en commune.

Entre 15 et 25 fr., le terme moyen est de 20 fr., compensation faite entre les années *bonnes* et celles *mauvaises*, pendant trente-six ans, et formant chacune une série égale de 18 fr.

Le blé nous a coûté,	l'hectolitre de 77 kilogr.	20 fr.	»
——	le quintal ou 100 kilogr.	26	»
——	le kilogr.	»	26

Si le pain avait été vendu au prix que nous adoptons pour base, l'écart aurait été de 4 c.

Résumé :

Prix fixé pour le kilogr. de pain. . . . . » 30 c.

Prix achat pour le blé.

Commune, d'après le tableau	27,300, écart 2 c.,700,	soit pour 100, 10.
Appréciation moyenne de 16 à 20 fr.	23,400, écart 6 c.,600,	soit pour 100, 28.
Appréciation extrême de 15 à 25 fr.	26 » écart 4 c. »	soit pour 100, 15.

De ces trois éventualités, nous adoptons celle *medium*, et prenons pour différence entre le prix achat et le prix vente, 28 pour 100, faisant bénéfice.

Ce tableau représente la différence matérielle mathématique qui se trouve entre le blé et le pain, *poids* pour *poids*.

Nous avons admis que 1 kilogr. de blé produisait 1 kilogr. de pain ; mais il n'en est pas ainsi...

Il existe une autre différence, une autre source de bénéfice qui se trouve dans le résultat du travail ou manipulation, selon que ce travail est fait avec plus ou moins d'intelligence.

En adoptant les bases admises jusqu'à ce jour, lesquelles servent de règle aux administrations, on trouve que 100 kilogr. de blé donnent à la mouture un *déchet* de 20 pour 100, ce qui en réduit le poids à 80 kilogr. *farine*. Mais ces 80 kilogr. farine gagnent à la conversion en *pain*, 30 pour 100, ce qui donne, sur 80, 24 pour 100, soit 104 kilogr. pour 100.

Ainsi, 100 kilogr. blé donnent 104 kilogr. pain, excédant	4 pour 100
Mais cette base n'est pas réelle ; elle est de beaucoup inférieure à ce que produit un travail bien fait.	
D'une part, la conversion de blé en farine ne donne pas une perte sèche de 20 pour 100.	
D'autre part, la transformation de farine en pain donne un produit supérieur à 30 pour 100 ; il varie de 36 à 42.	
Par le travail meunerie ou la transformation du blé en farine, lorsqu'elle s'opère avec tous les avantages qu'assure une connaissance spéciale et l'emploi de moyens ou agents perfectionnés, cette perte déchets peut être réduite à 10 pour 100 au moins, 15 pour 100 au plus ; nous adoptons ce dernier chiffre. Or, de 20 réduisant à 15 ; différence,	5 pour 100
De même que lorsque la panification ou transformation de farine en pain se trouvera opérée avec toutes les ressources que présentent la science et l'intelligence, le rendement excédant atteindra régulièrement 40 pour 100.	
Or, de 30 portant à 40, différence.	10 pour 100
Bénéfice produit du travail.	19 pour 100

Afin de n'être pas taxé d'exagération, et voulant évaluer les causes de profits au minimum, nous réduisons ces 19 à 15, auxquels nous ajoutons le profit matériel ou de la nature ci-dessus établi :

Soit.	10	28	15 1/2 pour 100
Produit travail réduit à.	15	15	15
Nous avons un écart, bénéfice de	25	43	30 1/2 pour 100

J'ai dit que la période la plus continuelle, la plus naturelle et vraie était celle entre les deux, soit 43 pour 100 ; les autres ne doivent se présenter que comme exception.

Mais ces exposés, ces résultats chiffrés ne représentent en quelque sorte que le premier *plan*, le mécanisme de l'opération.

Son mérite, son succès, consistent dans le paysage dont on l'entourera, dans le moteur qu'on lui appliquera.

L'action d'une intelligence large et d'une conception bien entendue sera très féconde.

« Prévoyance et économie ; union de la science et du travail ; confu-
» sion des intérêts privés dans les intérêts généraux ; sinon réformer la
» nature, au moins effacer ce qu'elle a d'irrégulier et de capricieux dans
» la production ; prévoir les mauvaises récoltes en tirant parti des
» bonnes ; éviter les prix *bas* comme ceux *élevés ;* développer la pro-
» duction du blé, étendre la consommation du pain, en rapprochant
» le plus possible la production de la consommation. »

Tels sont les auxiliaires que doit réunir l'action d'une intelligence raisonnée et d'une conception neuve.

Les esprits les plus éclairés en agriculture ont reconnu que le prix de 16 fr. pour 1 hectolitre de *bon* blé était largement rémunérateur pour l'agriculture. Ils s'accordent à dire que l'agriculture pourrait et devrait produire plus qu'elle ne le fait, et qu'elle produirait plus, en effet, si elle était mieux secondée, plus secourue.

Ce serait la secourir et la seconder avec intelligence et bonheur que de lui assurer toujours ce prix *rémunérateur*, de lui présenter pour son blé un débouché toujours certain, des greniers pour les recevoir, de mettre à sa portée un capital prêt à lui être donné en échange de ses produits, lui ouvrir un crédit en lui faisant des avances sur ses récoltes soit sur pied, soit dans ses granges.

L'ensemble de l'opération que nous résumons en ce mémoire présente et assure tous ces avantages à l'agriculture, notre *mère nourrice.*

Il importe au succès de cette combinaison que le blé soit acheté le plus souvent 16 fr., et que ce prix soit encourageant pour la production.

Il importe que le blé soit *rarement* à 18 fr., c'est-à-dire seulement dans des années que nous appelons moyennes.

Il importe que le blé n'atteigne le prix de 20 fr. que dans des années exceptionnelles que nous appelons années de disette.

Les blés qui auront été payés 16 fr., et amassés, emmagasinés pour faire réserves, auront bientôt atteint un *coût* supérieur. C'est pour cela que nous adoptons comme base 18 fr.

Que faut-il donc faire pour que le blé ne tombe jamais aux prix de 12 à 14 fr., qui mettent en perte l'agriculture et la découragent, et aussi pour que le blé se maintienne à 16 fr., prix justement rémunérateur, et n'atteigne que rarement 18 à 20 fr., sans jamais aller au delà ?

« Il faut être prévoyant, profiter des bonnes récoltes, afin de parer » aux mauvaises, faire des réserves... » Tout le monde le sait et est d'accord sur ce point.

Il faut aussi bannir de nos esprits la peur, la crainte ; ne point donner accès à la spéculation, à la cupidité ; ne point permettre que les efforts, soit isolés, soit réunis, viennent aggraver, compromettre notre position dans des moments critiques.

La peur et la spéculation sont les ennemis les plus terribles que nous ayons à redouter.

Le dépourvu ou plutôt le morcellement de nos ressources ; l'ignorance que nous en avons sont les armes que nous fournissons contre nous.

Avec quelques approvisionnements *ostensibles* peu coûteux ; avec un système bien combiné ; avec un capital ayant cette destination spéciale, nous détruisons toutes ces causes funestes et nous arrivons à nous créer une existence, à cet égard, fixe et invariable.

« Notre principe régénérateur se trouve tout entier dans l'approvisionnement, l'action concentrée, la liberté d'action. »

Dans un Mémoire que j'ai écrit en octobre dernier et que j'ai présenté à S. M. l'empereur, à ses ministres et aux membres du conseil général du département de la Seine, j'ai traité à fond toutes les questions qui se rattachent à la production du pain, aux réserves : j'ai démontré que le système d'isolement et d'action privée qui nous régit causait toutes nos souffrances ;

Que l'intervention du pouvoir et des municipalités nuisait au développement de nouvelles idées et du progrès ;

Que cependant la liberté illimitée et sans réserves, si elle était accordée par le pouvoir, pourrait être la source de grandes perturbations dans l'alimentation jusqu'à ce que le principe de liberté ait pu se produire, reconnaître et rejeter tout ce qui serait contraire à son action favorable *à tous;*

Que l'État ne pouvait pas augmenter son intervention, soit en ajoutant à son action actuelle, soit en s'emparant de la production et de la consommation pour les diriger et administrer ainsi qu'il le croirait utile ;

Qu'un seul système était applicable et efficacement salutaire ;

Que ce système se rencontrait dans le vouloir et le concours de tous réunis en une association ayant une seule tête fortement constituée, ne se donnant qu'un seul mandat, celui de pourvoir à la production assurée du pain *quotidien de tous*, présentant pour cela les certitudes les plus complètes, et étendant ses ramifications, son influence dans toutes les parties de l'empire, sans autre autorité que l'influence morale.

J'étais convaincu qu'il n'y avait que l'action de Compagnies puissamment et sagement organisées qui pussent venir mettre un terme à nos sacrifices, à nos souffrances, en réunissant et appelant à les seconder tout ce que la *nature*, les *sciences*, l'intelligence et le travail présentent de plus favorable à l'art de la panification, aux réserves.

Toutefois, je pensais que l'action de cette combinaison devait suivre l'œuvre de la nature et présenter des prix, toujours relativement bas et favorables, mais aussi *variables*.

Je n'avais point eu la pensée d'un prix de la vente du pain *fixe invariable*, quelles que soient les saisons ou les récoltes.

C'est en faisant, au mois de novembre dernier, des démarches auprès de quelques membres du conseil général de la Seine, auquel j'avais soumis mon Mémoire, que j'ai appris que M. le préfet de la Seine avait adressé à ce conseil un Mémoire sur le pain, qui présentait une combinaison d'unité et invariabilité de prix basée sur un système de compensation mis en jeu par la création d'un service de caisse de la Boulangerie.

Je remarquai que cette pensée d'un prix fixe invariable plaisait généralement, et je ne me dissimulai pas qu'un projet présenté par M. le préfet de la Seine devait faire tort au mien et à mérite égal obtenir une préférence.

Toutefois, je ne pus me procurer un exemplaire du travail de M. le préfet.

Cette pensée d'un système nouveau basé sur un prix unique me parut *neuve*, *grande* et *belle*... Mais, en y réfléchissant, je reconnus qu'elle ne pouvait point être réalisée par une action administrative, par un pouvoir; que, si son application était possible, ce n'était que par l'effet d'une organisation commerciale et populaire en même temps, prenant à ses périls et risques tout l'aléatoire de ce système. Je le fis remarquer dans un complément à mon Mémoire.

Dès lors j'ai dû étudier la question à ce nouveau point de vue.

Je me suis dit d'abord que, pour qu'un système nouveau fût accueilli et prévalût, il fallait qu'il offrît sur le système actuel des avantages très grands et d'une appréciation non *équivoque*. Ces avantages consistent principalement :

1° Dans un prix inférieur (économie);

2° Dans un ensemble d'opérations jamais interrompues, régulières toujours (certitude);

3° Dans une qualité bonne, toujours égale et exempte de toute fraude ou mélange (santé);

4° Dans une combinaison qui ne soit pas profitable seulement aux consommateurs des villes et grands centres, mais qui puisse aussi s'étendre dans les petites localités et les campagnes (intérêt général).

Or, ces *garanties* sont la conséquence et forment l'élément de succès de ma combinaison nouvelle.

En effet, il n'est point de grande entreprise qui n'amène un prix réduit, qui ne donne lieu à une action incessante et toujours croissante, qui ne repousse tous moyens de fraude et de déloyauté, et enfin qui ne puisse plus facilement, plus sûrement s'étendre, se propager.

Je suis resté convaincu qu'il était impossible à une action, soit municipale, soit gouvernementale, de réaliser ces nécessités, d'opérer cette transformation saine et utile.

Alors j'ai repris ma pensée et je la résume en proposant la formation à Paris d'une Compagnie qui prendrait le nom de *Compagnie générale des céréales et de la panification.*

Elle aurait pour objet :

« L'achat du blé à l'agriculture, la réserve et la conservation du blé dans des quantités et proportions qui assureraient un approvisionnement.

» La conversion du blé en farine, de la farine en pain dans ses usines et par ses procédés.

» De fournir le pain à tous consommateurs qui lui demanderaient à un prix *fixe, déterminé*.

» De se charger à ses risques de cette fourniture sans aucuns subsides, soit de l'État soit des municipalités. »

Le prix déterminé sera celui de 30 c. le kilogr., soit 60 c. pour le pain de 2 kilogr., qualité première.

Si cependant des circonstances extrêmes que nulle prévision n'aurait pu arrêter se présentaient, ce prix pourrait être augmenté, mais sur l'approbation de l'État.

L'action de la Compagnie s'introduirait dans la consommation progressivement et au fur et à mesure que ses usines se feraient, sans que le mode d'alimentation actuel soit ni interdit ni réduit.

Elle formerait une quantité suffisante de dépôts ou lieux de débit pour répondre aux besoins de la consommation.

Elle demande à être reconnue par l'État comme établissement d'*utilité publique*.

Elle se réserve à demander aux municipalités une franchise de droits d'entrée sur les matières qu'elle emploierait pour l'usage de ses usines, s'il était reconnu utile à la sûreté du service que ses usines fussent *intra muros*, faveur légère en raison du service qu'elle rendrait à la *cité*.

Pour les approvisionnements et réserves qu'elle serait tenue de faire pour la sûreté de tous et dans son propre intérêt, elle croirait utile de demander à être autorisée, pendant un nombre d'années déterminées, à les puiser à l'étranger, si leur réalisation à l'intérieur devenait une cause d'augmentation de prix.

Cette invariabilité de prix à 30 c. le kilogr. ne s'appliquerait qu'au pain de poids et de forme de 2 kilogr. au moins.

Les pains de poids inférieurs et de formes variées, dits *pains de fantaisie*, subiront une augmentation de prix, selon leur forme et l'exiguïté de leur *poids, lequel devra toujours exister*. Cette augmentation sera de 10 à 25 pour 100.

Les avantages qui résulteront de cette combinaison, pour le public consommateur, pour l'État, pour les municipalités, sont faciles à saisir.

L'agriculture qui produit aura aussi, cela a déjà été démontré, sa part d'avantages.

Il est également facile de déterminer avec précision quelle sera la part que se fera l'association au point de vue de ses intérêts privés.

Le consommateur demande deux choses, principalement : « avoir le pain chaque jour dans de bonnes et larges conditions de qualité et de saineté, à le payer le moins cher possible, sans secousses ni inquiétudes. »

Or où trouver ces certitudes si ce n'est dans un ensemble complet, réunissant toutes les matières, tous les instruments propres à produire un travail parfait et économique, dans une combinaison qui puise son capital dans l'association?

Combien aussi sera grande et complète la tranquillité publique, la stabilité du gouvernement, et facile l'action administrative alors que, par ce système, toutes les conditions de sûreté et de prévoyance seront remplies et auront fait disparaître toutes causes de troubles.

Il résultera, de cette association, la création d'un crédit agricole qui manque à la production; celui qui récoltera le blé n'aura plus à se préoccuper des moyens de le conserver sain et sans déchet; il pourra le vendre toujours.

Les campagnes auront à leur disposition un pain qui leur sera fourni dans des conditions de qualité et d'économie bien supérieur à celui qui s'y fait et qui est la source de tant de déceptions et de tromperies.

Pour l'association, elle opérera avec un capital considérable formé par des souscriptions les plus minimes que possible, afin d'entraîner le plus grand nombre dans ses intérêts.

Elle trouvera la source de ses bénéfices et l'économie de son système dans l'étendue de ses opérations, dans les combinaisons savantes et éclairées qu'elle leur donne.

Elle appelle à elle tous les talents, toutes les connaissances spéciales, et promet à chaque inventeur heureux une récompense à son travail; elle fait tous les sacrifices utiles pour arriver au plus parfait... elle est progressive... parce que c'est dans le progrès qu'elle trouve l'économie et le bénéfice.

L'approvisionnement, les réserves et la conservation forment le *pivot* sur lequel doivent s'appuyer et se mouvoir tous ses efforts.

Sans approvisionnements et en opérant au jour le jour, ses charges seraient moindres, son capital moins fort et le prix du pain pourrait, en bien des temps, être réduit à 25 c. le kilogr.

Mais aussi, en d'autres temps, il faudrait subir la dure nécessité des mauvaises récoltes, de l'imprévu, de la spéculation, et alors les prix seraient très élevés, et nous retomberions dans l'état actuel que nous trouvons si dangereux.

Avec ses réserves, elle assure son avenir contre toutes chances fâcheuses.

L'énergie de son travail lui donne les moyens d'opérer une réduction de 5 c. par kilogr. sur les dépenses que cause le travail actuel.

Sa combinaison de prévoyance détruit sinon en totalité au moins en grande partie, les chances de prix élevés, de cours forcés.

Les frais de toute nature qui viendront peser sur l'association sont ceux-ci :

Intérêt du capital 5 pour 100.	5	0/0
Dépense du travail meunerie.	8	»
Dépense du travail panification.	8	»
Dépenses d'emmagasinage, charrois, conservation distribution, administration, etc., etc.	12	»
Ensemble.	33	0/0

Nous avons porté à 18 fr. l'hectolitre comme prix régulateur : en portant les frais généraux à 33 pour 100, cela donne pour 1 hectolitre 6 fr. de dépense. Chacun comprendra que cela est extrême et ne saurait être dépassé.

Partant de cette base de 18 fr. l'hectolitre à l'achat et de 30 c. au kilogr. à la vente, nous avons fait ressortir une différence ou bénéfice de 43 pour 100, la dépense serait 33 fr.

Il y aurait donc, bénéfice net, 10 pour 100, plus les 5 pour 100 d'intérêt payés.

S'il est prudent d'admettre que les circonstances pourront être quelquefois difficiles et viendraient renverser notre *base*, nous nous reporterons alors aux deux tableaux que nous avons dressés et qui donnent un écart, l'un de 25 pour 100, l'autre de 30, 50 pour 100, ce qui ferait pour l'un une perte de 8 pour 100, pour l'autre une perte de 3 pour 100; et nous disons que ces cas, s'ils se présentent, seront extrêmes et de courte durée, et qu'avec le bénéfice de 10 pour 100 qui aura été réalisé en temps ordinaires formant de longues périodes, il y aura possibilité de parer à cette perte de passage par la réserve.

Le résultat financier de l'opération ne nous semble pas pouvoir être présenté, dressé avec plus de certitude et de précision.

Quant au résultat moral, il ressort de lui-même!!!

Nous ajouterons, aux considérations qui précèdent, quelques autres considérations qui ont une grande importance.

Tous les organes et les agents que nous invoquons, et qui viennent appuyer notre combinaison, ne sont pas notre œuvre, ne sont point ni à créer ni à chercher, ils existent et viennent se grouper autour de nous; car leur réunion *fera* leur force, constituera leur valeur, tandis que leur isolement affaiblirait leur utilité, leur mérite.

Il ne nous appartient pas de nous étendre longuement sur les procédés que nous serons heureux d'enlacer, tandis que la pratique actuelle qui s'appuie sur la routine, la petite économie, l'isolement et la cachotterie les repousse, les dédaigne.

Nous citerons cependant les noms de Doyère, Delacroix, pour la conservation des blés; Hanon, pour l'introduction de l'air dans la mouture, etc., etc. ; Millon, qui, il y a peu de jours, communiquait à l'Académie des sciences un Mémoire si intéressant sur le mérite des blés durs, leur richesse, sur la décortication du blé, son nettoyage par voie humide, et les résultats *en excédant de rendement* qu'on pouvait en attendre.

Nous citerons le four de M. Carville, le pétrin mécanique de M. Bolland qui fonctionnent si heureusement à la boulangerie des hospices de Paris.

Nous rappellerons aussi le travail si riche en documents qu'a fait paraître, il y a quelques années, M. Rollet, qui avait été chargé par le ministre de la marine d'étudier tous les moyens propres à réaliser l'ensemble le plus parfait du travail du *pain*.

« Alors qu'on se trouve en présence de tant de découvertes utiles, de matériaux précieux, on se demande comment nous sommes encore à en retirer le plus petit profit. »

Il y a quelques années, la Société d'encouragement, et en même temps celle de l'agriculture, proclamaient que celui qui aurait trouvé le moyen d'ajouter une faible *partie* à nos ressources alimentaires aurait rendu un grand *service à l'humanité!!!* et cependant aucun de ces efforts heureux n'a été encouragé ni récompensé.

A une époque assez rapprochée, M. le comte de Persigny, ministre de l'intérieur, de l'agriculture et du commerce, instituait une Commission des *céréales*, afin qu'elle s'occupât de rechercher les moyens les plus propres à parer aux insuffisances des récoltes.

Cette Commission n'a jamais été réunie ni constituée.

A quoi servent donc les démonstrations?

Nous trouvons, dans une petite brochure, publiée il y a une année par M. le comte A. Hugo, ayant pour titre : *Mémoire sur la période des disettes*, et distribuée seulement entre quelques amis, des documents précieux, très instructifs, que nous reproduisons ici.

L'auteur a eu la patience et le mérite de faire le relevé de l'état de nos récoltes depuis trente-six ans, de 1816 à 1853. Leur division forme des périodes d'années d'abondance et des périodes d'années de disette. Nous donnons copie de ces tableaux parce qu'ils intéressent nos lecteurs.

Le résultat est celui-ci :

Pendant dix-huit années de récoltes abondantes, nous avons eu un excédant en hectolitre de 881,632, et un bénéfice en argent de 13,501,053 (en commune); pendant les dix-huit années de récoltes mauvaises, nous avons eu en commune un déficit, hectolitres 2,060,425, et nous avons eu un sacrifice argent de fr. 52,693,729.

Il ressort de ce tableau cette triste vérité : que la France ne produit pas assez, et que tous les ans elle est obligée d'importer de 1 à 2 millions d'hectolitres de blé qui lui imposent un sacrifice de trente et quelques millions qu'elle distribue à l'étranger.

Si nous ajoutons à cela qu'il existe en France beaucoup de contrées où le pain est encore considéré comme un aliment de luxe, et n'est point admis dans la nourriture de beaucoup d'habitants, on sera convaincu de la nécessité où nous nous trouvons de réclamer une production plus généreuse, un moyen de suppléer à notre insuffisance plus large, et enfin un moyen d'étendre la consommation du pain et de l'assurer à tous.

Le tableau C, sur *la quantité et la valeur de la consommation du pain en France dans les années de disettes*, fait ressortir un fait bien significatif et bien regrettable.

Il démontre que nos années de disettes, c'est-à-dire, alors que nos récoltes nous donnent une insuffisance de *deux* millions d'hectolitres, représentant une valeur de *cinquante-deux* millions, ce déficit minime, puisqu'il n'est, en raison de nos besoins généraux, que de 3 pour 100, cause dans notre système général une perturbation telle, que le pain augmente dans des proportions dix fois plus considérables que le déficit réel, c'est-à-dire qu'un manquement représentant 53 millions, nous occasionne dans nos ménages un surcroît de dépense s'élevant à 530,511,722.

Toutes les causes qui ont forcé ou provoqué un prix pour le pain supérieur à 60 c. les 2 kilogr. ou 30 c. le kilogr. se sont reproduites dix-huit fois sur trente-six, et nous ont coûté, chaque dix-huitième, de 5 à 600 millions.

Ces causes, si terribles par leur effet, ne sont pas dues, on le voit, au déficit en lui-même, mais aux conséquences qui le suivent.

Elles existent toutes dans notre mauvaise organisation, ou plutôt dans l'absence d'une organisation, dans le dépourvu, dans la législation sur les céréales qui en interdit l'action libre, et surtout dans la facilité que nous accordons aux *marchands d'entrer dans le temple* et d'y exercer audacieusement leur trafic.

Il importe au salut de tous, à la stabilité, de détruire ces causes, de les attaquer *à fond*, de chasser les marchands du temple!!!

Tous les hommes sages le comprendront.

Eh bien! nous le disons avec conviction et certitude, le système que nous présentons est le seul capable de produire un si grand effet, d'amener de si heureux résultats... Notre système est basé sur l'*intérêt* de tous, sur l'*association*, sur la *solidarité*.

On ne saurait trouver de base plus recommandable, plus solidement assise.

Si nous pensions qu'il fût utile de faire ressortir *par des faits* l'infaillibilité et les bienfaits de cette combinaison, nous donnerions le détail des résultats heureux obtenus par des hommes de mérite qui ont, aux époques de cherté, formé des associations, concentré leurs efforts pour procurer à de nombreux ouvriers le pain à des prix réduits.

Sur différents points de la France, et surtout dans le nord et l'est, là où l'industrie repose sur de larges conceptions, ces résultats ont été tentés et obtenus, malgré que les efforts fussent improvisés et malgré qu'il n'eût été possible d'adopter qu'une faible partie de nos moyens d'action... et cependant le pain a pu être livré sans sacrifices, sans charité, aux ouvriers, aux indigents, à des prix très inférieurs à ceux déterminés par les cours.

Que sera-ce donc alors que notre combinaison sera très largement appliquée, généralement répandue !!!

Nous exprimons le regret que M. le comte Hugo, qui nous a fourni d'aussi précieux documents, n'ait pas cru devoir les commenter et qu'il se soit borné à constater les résultats sans exprimer une opinion sur les moyens de combattre le mal : il l'eût fait avec autorité et avec talent.

La modestie qu'il a apportée dans cette publication l'en a sans doute empêché : il s'est cru sans mandat, et il a espéré que les hommes chargés de pourvoir au salut de l'État et qui ont le devoir de s'occuper de la question sauraient remplir leur mandat; il s'est borné à faire entendre le cri d'alarme.

Sans doute, nous devons espérer beaucoup des hommes qui dirigent les mouvements de la nation, mais nous savons tous combien leur mission est lourde et difficile, combien il leur est facile de s'égarer.

C'est pour cela que chacun de nous ne doit pas craindre d'apporter, dans un aussi sérieux débat, son faible contingent de lumières.

N'oublions pas que lorsque les hommes de cœur et de conviction qui se dévouent aux intérêts généraux s'abstiennent, soit par modestie, soit par le découragement que leur cause toutes les déceptions qu'ils ont a supporter, les hommes d'intrigue et d'intérêt privé et de passion se remuent sans cesse et gagnent du terrain.

Nous osons espérer que M. Hugo sera avec nous et pour nous, et nous comptons sur ses bons conseils, sur son concours éclairé, pour faire prévaloir notre cause.

Chacun reconnaîtra qu'en tête de cette question si importante se trouve la question de l'entrée des blés étrangers, l'*importation*. Elle devient une nécessité, une cause de salut public jusqu'à ce que notre agriculture nationale ait augmenté sa production de blé dans des quantités suffisantes pour répondre largement à notre consommation *qui elle-même* doit s'accroître.

Nous sommes convaincu qu'il y a à cet égard de pressantes et de profondes modifications à apporter dans notre législation.

S'il nous était permis d'exprimer une opinion, elle serait entièrement pour le principe de *liberté*, c'est-à-dire d'introduction facultative au *petit droit*.

Notre agriculture, nos propriétaires des terres pourraient s'en alarmer ; ce serait à tort, et l'expérience l'aurait bientôt démontré.

A cet égard, nous renvoyons encore au travail de M. Rollet. Cet auteur traite cette question, comme toutes les autres, à fond et au triple point de vue de l'intérêt général, de l'intérêt territorial et des ressources que nous présentent les autres pays producteurs.

Si cette combinaison est juste, utile et praticable, c'est à Paris qu'elle doit trouver son point de départ, son application.

Mais c'est à Paris qu'elle rencontre les obstacles les plus grands, les antagonistes les plus redoutables.

La révolution qu'elle opérera est toute tracée : la liste de ses proscrits est toute dressée ; ses victimes désignées.

Sa marche sera rapide, bienveillante, mais impitoyable ; elle n'admet pas de transaction.

Or il existe à Paris une corporation de boulangers privilégiés, monopoleurs.

« Il existe à Paris une corporation de facteurs, courtiers, agents, intermédiaires, entremetteurs, tous *grignotant* notre morceau de pain.

» Il existe à Paris une halle aux farines et aux grains qui, le plus souvent, est convertie en un tripot ; on y agiote, on se remue, on se ruine, on s'enrichit en un moment, en quelques opérations ; là les intérêts généraux sont foulés au pied.

» Et au-dessus de tout cela il existe une administration qui se divise et subdivise :

» Autorité à la halle par le contrôle ;

» Autorité à la Préfecture de police ;

» Autorité à la Préfecture de la Seine ;

» Autorité suprême au ministère de l'agriculture. »

Il existe encore une caisse de service de la boulangerie, instituée récemment et par décret impérial.

Cette création a pour principal objet de déterminer un prix *fixe invariable* et de contre-balancer les cours par un système de *compensation* ou *débit* et *crédit*.

Tous les actes qui émanent du pouvoir jouissent d'un prestige qui les fait accueillir du public, en général, sans examen approfondi et en quelque sorte sur parole, de sorte que la faveur publique leur est à l'avance assurée.

C'est un bien, une grande nécessité sans laquelle le pouvoir ne trouverait pas cette sympathie et cette confiance qui font sa force.

Cependant les actes du pouvoir ne réalisent pas toujours ses pensées, ses espérances, et l'effet qu'en attend l'opinion publique ne se produit pas sans cesse.

Cette institution de la caisse de service est de cette nature : elle ne produira pas ce que l'on en attend.

Improvisée en quelque sorte sous le coup de nécessités locales, de mesures d'urgence, elle n'est pas le fruit de travaux sérieux préparés par des méditations longues et heureuses.

Elle s'écarte de son but par l'absence des principes les plus absolus.

Elle n'attaque pas les *causes* et ne s'en prend qu'aux effets.

Elle n'introduit pas un principe d'économie et de réduction de prix ! au contraire, elle amène avec elle des frais, des charges, des pertes de temps qui grèvent la production du pain d'au moins 2 à 3 pour 100.

En outre, elle imposerait aux localités qui l'adopteraient des dépenses très considérables.

Elle ne simplifie pas, elle se présente comme un nouvel engrenage très lourd venant compliquer le mécanisme.

Elle n'est applicable, fût-elle un bienfait, que dans les grands centres de populations, et à cause de cela son action échappe à 30 ou 32 millions de Français, aux habitants des campagnes surtout, qui ont le plus besoin des secours que l'on peut espérer d'une bonne combinaison.

Elle intervient par compensation, *argent*, mode de secours le plus matériel, le plus inintelligent.

Elle éloigne de l'exploitant toute pensée, tout besoin de progrès, d'amélioration ; au lieu d'exciter l'intelligence, de la développer, elle l'absorbe en faisant du boulanger un simple instrument, *un numéro.*

Le boulanger accepte cette position *basse*, parce qu'elle lui assure davantage la jouissance de son privilége, lequel lui garantit son existence, sa fortune.

Au lieu de rapprocher la production de la consommation, elle les éloigne, en se créant comme nouvel intermédiaire et en rendant plus indispensables les intermédiaires existants et déjà trop nombreux.

Au point de vue des trésors de la cité, qu'elle engage, elle est peut-être compromettante, car elle fait des avances, sans être certaine de retrouver les mêmes débiteurs, sans aucune garantie de leur bonne foi, de leur solvabilité, et, à cet égard, elle est obligée d'être peut-être sans résultats, fiscale, gênante, arbitraire par la surveillance qu'elle s'impose.

Tels sont les inconvénients les plus graves que présente cette création que j'aurais voulu pouvoir louer, respecter...

Elle existe, elle est la création de hauts fonctionnaires, elle a été votée par le conseil municipal. Je n'attaque pas l'intention.

Si j'exprimais la pensée de surmonter tous ces obstacles, de me faire entendre et comprendre de tous ceux dont l'agrément m'est utile, de faire se déjuger ceux qui ont jugé;

Si je manifestais l'espérance de faire triompher mes convictions, beaucoup de personnes, sinon toutes, plaindraient mon erreur et me croiraient bien ignorant, et l'on aurait raison.

Aussi j'ai hâte de dire que quelque profondes que soient mes convictions, quelque méditées et justes que soient mes pensées, je n'ai point l'espérance de les voir accueillir.

Je connais les hommes, je connais les scrupules, les hésitations des administrations. Or je ne puis rien sans leur appui. Ma question est avant tout une question gouvernementale et elle a besoin d'être sanctionnée par le Gouvernement.

Il me faudrait, pour me faire entendre, un talent que je n'ai pas, des protections qui me manquent. Je sais trop combien les hommes du pouvoir sont peu accessibles pour de simples gens.

Je sais avec quelle facilité la malveillance et les passions privées renversent les idées généreuses.

Je dirai plus, je sais avec quelle légèreté, avec quelle ignorance des faits on traite les questions les plus utiles et *aux temps les plus critiques.* Je sais combien on compte sur l'imprévu, sur la nature, pour se contenir dans les vieilles traditions.

Je ne compte donc sur rien, et en confiant ce travail au public, je remplis un devoir, je cède à un entraînement de cœur et de foi; je fais connaître ce qui est *vrai*, ce qui est *possible* et *réalisable*.

Et cependant la question de la production du *pain*, malgré cette création nouvelle, malgré les combinaisons que l'on a la pensée d'adopter pour rendre possible la marche de cette caisse de la boulangerie, la production du pain reste toujours sans *solution*, sans *garantie*.

Ceux dont la fonction est de pourvoir au salut de l'État le comprennent.

Ils savent qu'il y a d'autres mesures à prendre, d'autres impulsions à donner ; ils sont fortement animés du désir de bien faire.

Mais ils se croient liés, engagés envers ce qui existe ; ils veulent le ménager, s'en servir toujours. Ce qu'ils font ressemble à un replâtrage, à un badigeonnage.

Ils auraient la pensée de diriger par eux-mêmes et de réduire ce qui existe en simples agents et instruments ; mais ils ne l'osent. Ils sont poussés par le progrès, et ils se retiennent à la routine, en soudant quelques anneaux de plus à sa chaîne, conséquence toujours inévitable d'une fausse position, d'observations et d'études puisées dans les faux errements.

Cette question si brûlante des céréales et de la panification est soulevée partout, et il est difficile de déterminer à quel *centre* elle aboutit, de quelle autorité elle relève.

Notre ministre de l'agriculture ne l'est que nominalement ; il est tout absorbé par les travaux publics ; il renvoie à M. le directeur général de l'agriculture et du commerce les pièces qui lui sont adressées.

M. le directeur, conseiller d'État, homme très occupé, très important, jurisconsulte..... point économiste, point agronome, qui ne saurait trouver dans l'étude de ces questions ni charme ni intérêt, les renvoie à la préfecture de police, laquelle les renvoie à la préfecture de la Seine, laquelle les adresse à une commission qui n'en est pas saisie, de sorte que les communications restent sans effet, sans solutions, sans réponse. La déception est complète...

Je sais que l'on s'occupe beaucoup au ministère de l'agriculture des questions agricoles concernant les concours de bestiaux, les races chevalines, bovines, ovines, porcines. L'acclimatation des animaux, leur domestication, les croisements des races, etc., etc., sont l'objet de soins, de dépenses et de récompenses. J'approuve fort tout cela, mais il me semble qu'à côté il y aurait place pour le *blé*, pour le *pain*. Il n'existe pour eux aucun concours, nul encouragement pour provoquer l'introduction, l'acclimatation, la variété des espèces les plus belles, le rendement le plus fort. Et cependant il est malheureusement reconnu que notre production de blé est très inférieure en quantité et en qualité. Nos blés rendent 7 et 8 pour 1, tandis qu'ils devraient donner 12 et 14. Leur poids est léger ; il atteint rarement 80 kilogr. à l'hectolitre ; nos blés sont tendres, pauvres en *gluten*. Il serait de la plus haute importance que ces points d'amélioration fussent examinés avec plus de soins et qu'ils devinssent l'objet d'une vive et constante sollicitude.

Il nous semblerait juste que celui qui produirait un blé de riche forme, rond, serré et lourd, et surtout glutineux, fût signalé comme ayant mieux travaillé que celui qui présente un blé maigre et léger, qu'une récompense fût accordée à celui qui retirerait 12 grains au lieu de 8.

Il nous semble que le cultivateur, le propriétaire auraient tout autant de gloire et de profit à travailler, à obtenir ces résultats, qu'ils en trouvent à faire produire un animal de noble race, de belles formes et pourvu de beaucoup de graisse.

C'est à l'administration de l'agriculture qu'il appartient de donner cette impulsion, de créer ces récompenses encourageantes.

Il y a deux ans j'ai rapporté d'un voyage en Suisse quelque grains de blé recueillis dans un champ (canton d'Argovie) ; les grains de blé étaient remarquablement beaux, *longs*, *ronds ;* je les fis voir à quelques fermiers de France, qui les admirèrent et les trouvèrent bien supérieurs aux nôtres. Ils se les partagèrent.

Il serait bien facile d'avoir de ces belles natures.

J'ajouterai que le mode de transformation du blé en farine est un travail important au point de vue économique, et qu'il se trouve encore dans des conditions très imparfaites et qui laissent beaucoup à désirer. Je n'entrerai pas dans des détails théoriques, ce qui serait trop long.

Je dirai seulement que le travail *meunerie* nous cause un déchet très fort, et qu'il est reconnu qu'on pourrait réduire de beaucoup cette perte.

Il y a dans la meunerie, telle qu'elle est, deux *agents* : le chef meunier, qui achète ses grains, vend ses farines, laboure ses terres, administre ses affaires ; celui-ci est rarement au moulin. Il n'est pas homme de pratique, homme de métier ; nous le voyons plus négociant, spéculateur que travailleur. Il existe le *garde-moulin*, homme indispensable, homme pratique, qui vit dans le moulin, est constamment autour de ses meules et doit en observer à tous les instants les mouvements.

C'est de cet homme, de son intelligence, de ses observations, de ses connaissances spéciales que nous devons attendre toute l'économie que peut donner le travail que nous appelons *mouture*.

Cependant cette fonction si importante, si délicate, est confiée à des hommes presque tous inintelligents, incapables, sans autres connaissances que celles de l'habitude et de la manie ; ils ne reçoivent ni instruction, ni principes, ni émulation ; on les considère comme de simples ouvriers.

Leurs chefs ne cherchent pas à leur inculquer ces connaissances dont cependant ils tireraient profit ; ils font bien leurs affaires sans cela !

On a beaucoup exagéré les progrès qu'aurait faits la meunerie depuis quelques années ; on a décoré ces progrès de noms d'*anglaise*, *d'Amérique*, tandis que la bonne mouture *à la française* est la meilleure, la plus rationnelle. Ces progrès ou changements sont purement *mécaniques* et nullement scientifiques.

Il est temps que la science apporte son contingent à cette action... C'est ce que nous provoquons.

Un de nos amis, déjà cité, M. Hanon, homme dévoué aux bons résultats de la mouture et qui s'y consacre entièrement, a adressé au Gouvernement le projet de la formation d'une école de mouture ou plutôt d'un *moulin-école*, à l'imitation des fermes-écoles.

Ce projet rédigé avec beaucoup de précision, de talent, aurait de grands avantages et ne coûterait rien à l'État, qui ferait dans les moulins-école la mouture des blés qui nourrissent nos armées. Il s'y formerait un bon nombre d'élèves qui y puiseraient les principes de la science et les répandraient partout.

Nous craignons bien que cette communication si saine ne reste ensevelie dans les cartons *de l'un des bureaux de l'agriculture.*

En nous reportant aux époques les plus éloignées, à l'instant où l'intelligence de l'homme a pu tirer quelque parti de cette belle production de la nature, le *blé*, et en former une pâte qui devenait la base de sa nourriture, nous remarquons que cette production a acquis une telle importance, qu'elle a été l'objet de l'attention de toutes les autorités, de tous les pouvoirs.

Les récoltes mauvaises, rendues plus mauvaises par l'absence de système d'ordre et de prudence, ont causé des désastres très grands, de vives commotions politiques. Nous voyons que toujours cependant le pouvoir est intervenu, qu'il y a eu de tous temps pour cette denrée, des exceptions, des privilèges, des corporations.

Nous voyons aussi que toujours, de tous temps, les privilégiés, les corporations, ont exercé une influence malheureuse et contraire au principe de leur institution : l'intérêt privé a constamment sacrifié l'intérêt général, il y a eu toujours fraude, dissimulation, convoitise, désorganisation et périls.

Nous remarquons que tout ce qui se rattache au commerce de cette production est resté le plus éloigné des améliorations sociales et du progrès.

Nous sommes encore sous le coup de ces tristes exceptions, tâchons donc d'en sortir !...

Nous ne le pouvons qu'en édifiant sur des bases neuves, sur le terrain si fécond de l'association et de la solidarité.

Nous sommes à un moment où ce principe a fait des progrès ; nous sommes entourés de créations grandes et utiles qui se sont développées sous son égide.

Sachons donc l'appliquer à la production la plus utile.

Notre gouvernement actuel, si éclairé, si paternel, qui a cnsacré, patroné ce principe en tant de circonstances heureuses, ne saurait ne pas le prendre sous sa protection dans cette salutaire application.

Nous l'avons dit et nous le répétons en terminant, ce changement introduit dans la boulangerie, cette combinaison de prix, de compensation, par une caisse de service, renferme une bonne pensée qui peut être heureuse; mais cela ne saurait se présenter avec l'application qu'on lui a donnée :

« Il faut à un édifice nouveau une base neuve, on ne saurait faire » prendre une greffe sur un tronc d'arbre sans vie. »

Les auteurs de cette combinaison ont pensé qu'ils pouvaient l'appuyer sur ce qui existe. Nous croyons avoir démontré qu'ils se sont trompés.

Nous croyons avoir démontré que notre combinaison reste la seule vraie, la seule possible.

Puissions-nous les éclairer sans les froisser, les amener à reconnaître que ce qu'ils ont fait est un commencement dont la fin se trouve dans notre pensée.

Toutefois, et quoi qu'il advienne, nous ferons remarquer que leur prix admis pour servir de base vient confirmer nos calculs.

Ils ont pensé qu'en vendant le pain à 35 *c. le kilogr.* avec les éléments actuels, et sans autre modification, ils pourraient, par un simple jeu de *débit* et *crédit*, conjurer tous les périls, équilibrer...

Le prix que nous adoptons, 30 *c. le kilogr.*, présente une différence de 5 c., toute à l'avantage du consommateur... Nous nous trouvons couverts de cette différence par l'économie immense que nous présente notre système *neuf*, et de plus par notre prévoyance et notre institution de réserves, nous détruisons les effets de la spéculation, nous atténuons les mauvaises récoltes et évitons les prix extrêmes.

Nous formons le vœu que l'autorité, dans l'intérêt de la vérité, et par un sentiment d'abnégation, permette que notre œuvre reçoive la plus grande publicité, et soit l'objet de discussions sérieuses et d'examens approfondis.

Nous faisons suivre cet exposé de trois tableaux tirés de la brochure de M. le comte A. Hugo, et dont nous avons analysé le mérite,

Plus, d'un Mémoire que nous avons fait imprimer en octobre 1853, et que nous avons présenté à l'autorité et distribué seulement à quelques amis.

Puisse cette communication avoir quelque intérêt pour nos nouveaux lecteurs !

Nous avons aussi communiqué au pouvoir un travail résumant le *projet*, son *développement*, ses moyens d'*application*, en un mot toute la mise en œuvre. Nous croyons qu'il nous suffit de le rappeler ici.

TABLEAU A.

Importations et exportations

(*Détail par*

PÉRIODES.	ANNÉES.	IMPORTATIONS. Quantités EN HECTOLITRES.	EXPORTATIONS. Quantités EN HECTOLITRES.	PRIX MOYEN DE L'ANNÉE. f. c.
1re (6 années.) DISETTE.	1816	497,020	22,444	28 34
	1817	1,975,860	6,272	36 16
	1818	1,723,423	33,196	24 65
	1819	1,276,829	167,808	18 43
	1820	661,923	192,405	17 44
	1821	711,454	177,236	17 »
Total des six années.		6,846,509	599,331	. . . .
Moyenne annuelle . .		1,141,085	99,888	. . . .
2e (6 années.) ABONDANCE.	1822	1,172	207,961	14 87
	1823	61	194,829	16 93
	1824	709	193,899	15 22
	1825	2	271,642	14 91
	1826	1	241,830	15 37
	1827	62,223	202,608	17 50
Total des six années.		64,168	1,312,769	. . . .
Moyenne annuelle . .		10,695	218,795	. . . .
3e (5 années.) DISETTE.	1828	1,167,793	210,268	21 37
	1829	1,715,241	218,562	22 23
	1830	2,048,682	125,764	21 80
	1831	1,132,089	216,909	22 29
	1832	1,445,328	210,164	22 33
Total des cinq années.		10,509,133	981,667	. . . .
Moyenne annuelle . .		2,101,827	196,333	. . . .
4e (5 années.) ABONDANCE.	1833	6,251	219,309	16 33
	1834	456	249,146	14 73
	1835	458	256,577	14 79
	1836	220,501	291,254	16 36
	1837	285,123	440,623	18 56
Total des cinq années.		512,789	1,456,919	. . . .
Moyenne annuelle . .		102,557	291,380	. . . .

de froment (de 1816 à 1851 inclus).

année.)

EXCÉDANT EN IMPORTATIONS.		EXCÉDANT EN EXPORTATIONS.	
Quantités EN HECTOLITRES.	VALEURS EN FRANCS.	Quantités EN HECTOLITRES.	VALEURS EN FRANCS.
474,606	13,436,096		
1,969,588	71,220,302		
1,690,227	41,664,096		
1,409,021	20,439,255		
469,518	8,188,394		
534,218	9,081,706		
6,247,478	164,029,849		
1,041,196	27,338,308		
. . . . . .	. . . . . .	206,789	3,074,952
. . . . . .	. . . . . .	194,768	3,247,422
. . . . . .	. . . . . .	193,190	2,929,352
. . . . . .	. . . . . .	221,640	4,050,152
. . . . . .	. . . . . .	241,829	3,716,912
. . . . . .	. . . . . .	140,385	2,456,738
. . . . . .	. . . . . .	1,248,601	19,525,528
. . . . . .	. . . . . .	208,100	3,254,245
957,525	20,462,309		
1,496,679	34,271,174		
1,622,918	41,889,616		
915,180	20,399,362		
4,235,164	94,571,212		
9,527,466	211,593,670		
1,905,493	42,318,734		
. . . . . .	. . . . . .	213,058	3,479,237
. . . . . .	. . . . . .	248,700	3,663,351
. . . . . .	. . . . . .	256,119	3,788,000
. . . . . .	. . . . . .	70,753	1,157,519
. . . . . .	. . . . . .	155,500	2,886,080
. . . . . .	. . . . . .	944,130	14,974,187
. . . . . .	. . . . . .	188,826	2,994,837

PÉRIODES.	ANNÉES.	IMPORTATIONS. Quantités EN HECTOLITRES.	EXPORTATIONS. Quantités EN HECTOLITRES.	PRIX MOYEN DE L'ANNÉE.
				f. c.
5e (5 années.) MIXTE.	1838	100,590	625,534	19 51
	1839	1,176,347	604,106	22 14
	1840	2,231,613	187,979	21 84
	1841	156,303	827,024	18 54
	1842	562,110	855,847	19 55
Total des cinq années.		4,226,963	3,100,49	....
Moyenne annuelle . .		845,392	620,098	....
6e (5 années.) DISETTE.	1843	2,024,425	273,664	20 56
	1844	2,474,372	357,728	19 75
	1845	748,807	417,020	19 75
	1846	4,906,786	229,145	24 05
	1847	10,007,106	186,807	29 01
Total des cinq années.		20,161,496	1,464,364	....
Moyenne annuelle . .		4,032,299	292,873	....
7e (5 années.) ABONDANCE.	1848	1,248,955	1,859,485	16 65
	1849	4,471	2,856,775	15 37
	1850	826	4,177,510	14 26
	1851	102,53	4,650,737	14 65
	1852*	»	»	17 49
Total des quatre années.		1,356,791	14,544,207	....
Moyenne annuelle . . .		339,197	3,386,052	....

(*) *Note ajoutée pendant l'impression.* — L'administration des Douanes n'a pas encore publié de *documents officiels complets* sur cette année. — Le *Moniteur* du 7 juin 1853 contient seulement un état des importations de céréales (grains et farines) en 1852, mais sans indication aucune de la nature des céréales, ce qui est nécessaire pour apprécier les quantités et les valeurs réelles. En supposant que les exportations et les importations (commerce spécial), ne se composent que de froment, on arrive à ce résultat :

Exportations.	4,602,683	hectolitres.
Importations.	2,316,996	—
Excédant des exportations sur les importations. . .	2,285,687	—
Ayant produit, à 17 fr. 40 c. l'hectolitre.	39,976,665	francs.

EXCÉDANT EN IMPORTATIONS.		EXCÉDANT EN EXPORTATIONS.	
Quantités EN HECTOLITRES.	VALEURS EN FRANCS.	Quantités EN HECTOLITRES.	VALEURS EN FRANCS.
»	»	524,944	10,241,657
572,241	12,669,416	»	»
2,043,634	44,632,967	»	»
»	»	670,721	12,435,167
»	»	293,737	5,751,559
2,615,875	57,302,383	1,489,402	28,428,383
1,307,937	28,651,191	496,467	6,476,128
1,750,761	35,820,580		
2,116,644	41,803,719		
331,787	10,552,793		
4,677,641	142,497,266		
9,820,299	284,886,874		
18,697,132	515,561,232		
3,739,426	103,112,246		
......	......	610,230	10,160,329
......	......	2,852,304	43,739,913
......	......	4,176,684	59,559,514
......	......	4,548,198	66,631,101
......	......	»	»
......	......	12,187,416	180,090,857
......	......	3,046,854	45,022,714

TABLEAU B.

Importations et exportations de froment (depuis 1816 — 36 ans) dans les périodes alternatives de disette et d'abondance.

Les *années de disette* sont : celles où le produit des récoltes en blé ne suffisant pas à la consommation, les importations du commerce *spécial* dépassent les exportations.

Les *années d'abondance* sont : celles où le produit des récoltes en blé étant supérieur à la consommation, les exportations dépassent les importations.

DÉSIGNATION et durée DES PÉRIODES.	EXCÉDANT des Importations sur les exportations.		EXCÉDANT des Exportations sur les importations.	
	Quantités en hectolitres, grains et farines réunis.	Valeurs en francs, calculées d'après le prix moyen de chaque année.	Quantités en hectolitres, grains et farines réunis.	Valeurs en francs calculées d'après le prix moyen de chaque année.
	hect.	fr.	hect.	fr.
1re — Disette. (6 années, 1816 à 1821).	6,247,178	164,029,849	»	»
2e — Abondance. (6 années, 1822 à 1827).	»	»	1.248,601	19,525,528
3e — Disette. (5 années, 1828 à 1832).	9,527,466	211,593,670	»	»
4e — Abondance. (5 années, 1833 à 1837).	»	»	944,130	14,974,187
5e — Période mixte, 5 années. 2 disette, 1839-1840. » 3 abondance, 1838, 1841, 1842	1,126,473	28,874,000	Les importations ont dépassé les exportations.	
6e — Disette. (5 années, 1843 à 1847).	18,697,132	515,561,232	»	»
7e — Abondance. (5 années, 1848 à 1852).	Les chiffres indiqués ci-contre ne sont que ceux des quatre années sur lesquelles l'administration a publié des documents complets.		12,187,116	180,090,857
	h.	fr.	h.	fr.
Totaux.	37,087,651	948,487,134	15,869,549	243,018,955

Moyenne de 18 années de *disette* : déficit en grains. 2,060,425 hectolitres.
perte en argent. 52,693,729 francs.

Moyenne de 18 années d'*abond.* : excédant en grains. 881,642 hectolitres.
bénéfice en argent. 13,501,053 francs.

TABLEAU C.

QUANTITÉ ET VALEUR

De la consommation du pain en France dans les années de disette.

Pendant 18 années de disette, et en prenant pour base le prix du pain à Paris, dans chaque période (en temps de disette il est généralement plus cher dans les départements).

La France a dépensé. . . . . 41,080,019,000 fr.

pour une population consommatrice qui a été chaque année (en moyenne), de . . . . 26,858,000 individus.

SAVOIR :

PÉRIODES.	POPULATION MOYENNE.	QUANTITÉ CONSOMMÉE de pains de 2 kilog. dans la période.	PRIX MOYEN du pain de 2 kilog.	DÉPENSE FAITE.
		pains.	c.	fr.
6 ans. 1816 à 1821	24,799,000	16,292,940,000	76,40	12,447,806,000
5 ans. 1828 à 1832	26,652,000	14,591,970,000	80,94	11,810,740,000
2 ans. 1839 et 1840	28,464,000	6,170,106,000	78,89	4,867,596,000
5 ans. 1843 à 1847	29,007,000	15,881,330,000	75,27	11,953,877,000
		pains. 52,936,346,000		fr. 41,080,019,000
Moyenne annuelle pour 18 années.		pains. 2,940,908,000		fr. 2,282,223,000

Cette quantité, au prix moyen réel des années d'abondance (59 c., 2542) et non au prix de 60 c., indiqué comme normal dans le tableau D, n'aurait coûté que. . . . . 31,367,008,000 fr.

L'excédant de dépense occasionnée par l'augmentation du prix du pain, par suite des disettes, a été. . . . . 9,713,011,000 fr.

dont la moyenne annuelle, pour les 18 ans, est de. . 539,611,722 fr.

TABLEAU D.

Sommes enlevées au Commerce et à l'Industrie,

Sur une population de 36,000,000 d'habitants, la France en compte par jour, soit, pour la totalité, 18,000,000 de kilogrammes;

Ce qui fait, au prix de 30 cent. le kilogramme, une dépense quotidienne augmente la dépense normale de 450,000 fr. par jour. En voici les résultats

Dépense normale pour	Prix du pain de 2 kilos.	1 jour.	15 jours.
A 30 cent. le kilogramme	60	5,400,000	81,000,000
		fr.	fr.
Accroissement de dépense pour une augmentation par kilog. de 2 c. 1/2	65	450,000	6,750,000
Idem. . . . . . de 7 »	70	900,000	13,500,000
Idem. . . . . . de 7 1/2	75	1,350,000	20,250,000
Idem. . . . . . de 10 »	80	1,800,000	27,000,000
Idem. . . . . . de 12 1/2	85	2,250,000	33,750,000
Idem. . . . . . de 15 »	90	2,700,000	40,500,000
Idem. . . . . . de 17 1/2	95	3,150,000	47,250,000
Idem. . . . . . de 20 »	1 00	3,600,000	54,000,000
Idem. . . . . . de 22 1/2	1 05	4,050,000	60,750,000
Idem. . . . . . de 25 »	1 10	4,500,000	67,500,000
Idem. . . . . . de 27 1/2	1 15	4,950,000	74,250,000
Idem. . . . . . de 30 »	1 20	5,400,000	81,000,000

par l'augmentation du pain.

30,000,000 qui consomment chacun, en moyenne, 600 grammes de pain

de 5,400,000 fr. — Chaque augmentation de 2 cent. et demi par kilo. pour :

30 j. = 1 mois.	61 j. = 2 mois.	91 j. = 3 mois,	182 j. = 6 m.	365 j. = 1 an.
162,000,000	329,400,000	491,400,000	982,800,000	1,971,000,000
fr.	fr.	fr.	fr.	fr.
13,500,000	27,450,000	40,950,000	81,900,000	164,350,000
27,000,000	54,900,000	81,900,000	163,800,000	328,500,000
40,500,000	82,350,000	122,850,000	245,700,000	492,750,000
54,000,000	109,800,000	163,800,000	327,600,000	657,000,000
67,500,000	137,250,000	204,750,000	409,500,000	821,250,000
81,000,000	164,700,000	245,700,000	491,400,000	985,500,000
94,500,000	192,150,000	286,650,000	573,300,000	1,149,750,000
108,000,000	219,600,000	227,600,000	655,200,000	1,314,000,000
121,500,000	247,050,000	368,550,000	737,100,000	1,478,250,000
135,000,000	274,500,000	409,500,000	819,000,000	1,642,500,000
148,500,000	301,950,000	450,450,000	900,900,000	1,806,750,000
162,000,000	329,400,000	491,400,000	982,800,000	1,971,000,000

Taxe du pain à Paris de 1800 *à* 1853.

Le 27 décembre dernier, un décret impérial, contresigné par M. Magne, ministre de l'agriculture, du commerce et de l'industrie, a institué, sous la garantie de la ville de Paris, et sous l'autorité du préfet de la Seine, une caisse de service pour la boulangerie de Paris. Cette institution nouvelle, qui sera gérée par les soins de l'administration municipale, semble nous promettre, pour quelque temps encore du moins, le maintien de la taxe du pain au prix fixé depuis le 15 août 1852. En effet, lorsque l'abondance sera revenue, dit-on, la caisse devra se rembourser de ses avances, en prélevant sur le public une légère différence entre le prix de vente et le prix de revient. Un pareil état de choses, dans les circonstances difficiles où nous nous trouvons, nous a paru devoir attirer l'attention des économistes, et nous avons pensé qu'il ne serait pas sans intérêt de faire connaître quel a été le prix du kilogramme de pain depuis l'année 1800 jusqu'à l'établissement du nouveau système de compensation sous lequel nous sommes placés aujourd'hui. A cet effet, nous avons dressé le tableau suivant, où l'on pourra voir d'un coup d'œil le taux le plus élevé ou le plus bas du pain, à Paris, durant les cinquante-trois dernières années.

En examinant avec soin les chiffres de ce tableau, on remarquera tout d'abord que la meilleure année est l'année 1804, après laquelle on peut placer 1822, 1833, 1834, 1835, 1836, 1850 et 1851. La plus mauvaise, au contraire, est l'année 1847, à la suite de laquelle on doit mettre 1812, 1817, 1818 et 1829.

Si l'on analyse ensuite les prix portés dans ces deux colonnes, on reconnaîtra que, pendant vingt et un ans, le prix du pain a été au-dessous de 30 centimes dans les taux les *plus modérés*, tandis qu'il n'est monté au-dessus de ce chiffre que pendant dix-sept années. Dans les taux les *plus élevés*, c'est-à-dire aux époques de l'année où la mercuriale a atteint son plus haut point, le prix du kilogramme de pain est resté huit fois au prix de 30 centimes; il est descendu une seule fois au-dessous de ce chiffre, à 29 centimes en 1850; et, pendant vingt-deux ans, il s'est élevé depuis 40 jusqu'à 62 centimes.

Prenant ensuite la moyenne du taux le plus bas de la taxe du pain, depuis le commencement de ce siècle, on trouvera enfin 31 c., 3, et pour le taux le plus élevé 38 c., 5. D'où il résulte que le système adopté aujourd'hui pour satisfaire à toutes les conditions de justice et d'économie maintient encore cette denrée dans les prix les plus hauts. Et cette vérité sera beaucoup mieux démontrée si l'on recherche enfin la moyenne générale, qui est *seulement de* 35 *centimes*.

Voici le tableau puisé aux sources les plus certaines, et que nous avons tâché de rendre aussi clair que possible.

Années.	Mois.	Taux le plus bas.	Mois.	Taux le plus élevé.
1800	—	30 c.	—	30 c.
1801	janvier-avril	30	décembre	45
1802	janvier-juillet	35	septembre-décembre.	45
1803	juin-décembre	30	janvier-avril.	35
1804	juin-juillet.	22 1/2	janvier.	30
1805	—	30	—	30
1806	janvier-février	30	mars-décembre. . . .	32 1/2
1807	janvier.	32 1/2	février-décembre. . .	35
1808	juin-décembre	30	janvier-mars.	35
1809	—	30	—	30
1810	janvier-septembre . .	30	octobre-décembre . .	35
1811	janvier-octobre. . . .	35	décembre	40
1812	janvier.	40	mars-décembre. . . .	45
1813	décembre.	32 1/2	janvier-mars.	45
1814	juillet-décembre . . .	30	janvier-juin	32 1/2
1815	janvier-septembre. . .	30	décembre	37 1/2
1816	janvier-mars.	37 1/2	octobre-décembre . .	45
1817	janvier-avril.	45	mai-décembre	50
1818	juin-juillet.	35	janvier	50
1819	février-juillet.	30	août-septembre . . .	32 1/2
1820	janvier-mars.	30	mai-juillet.	40
1821	novembre-décembre .	20	janvier-février. . . .	40
1822	avril-juin	25	août-décembre. . . .	30
1823	octobre.	27 1/2	avril-juin.	32 1/2
1824	janvier-avril	27 1/2	septembre	32
1825	février.	27 1/2	août.	35
1826	février-juillet.	29	décembre	34
1827	janvier-mars	30	décembre	41
1828	juin	34	décembre	49
1829	août.	44	mai.	52 1/2
1830	mars-juin	37 1/2	août et novembre. . .	41
1831	avril-mai.	37 1/2	septembre-octobre. .	42 1/2
1832	novembre	29	juin.	43 1/2
1833	mai	26	juillet.	34
1834	avril.	25	décembre	30
1835	novembre	26	janvier-mai	30
1836	février-mars	26	novembre	30
1837	avril-mai.	27 1/2	décembre	32 1/2
1838	janvier-mars.	32 1/2	décembre	40
1839	juin	36	octobre	45
1840	novembre	30	mai.	43 1/2
1841	mai-juin.	27	octobre	36

Années.	Mois.	Taux le plus bas.	Mois.	Taux le plus élevé.
1842	décembre.	29	septembre.	38
1843	mai	20	octobre	37
1844	décembre.	31	juillet-août.	36
1845	février-mai.	29	octobre	38
1846	mai	35	novembre	46
1847	novembre-décembre. .	35	avril.	62
1848	juillet-août.	27	janvier	35
1849	décembre	26	août.	32
1850	mai	25	septembre-octobre. .	29
1851	mars-mai.	25	juillet	31
1852	janvier.	29	octobre	33
1853	février, mai-juin . . .	31	août.	40

Nous n'avons rien à ajouter après l'exposition de ces chiffres, dont on a, sans doute, remarqué l'importance. Disons cependant qu'il serait bien à désirer que les moments si difficiles que nous traversons ne fussent pas de longue durée, afin que la boulangerie pût abaisser le prix du pain au taux de la moyenne générale de 1800 à 1853. Sans doute personne n'a le droit de se plaindre de la mesure adoptée à Paris, puisqu'elle a été étendue à tous sans distinction ; nous savons également que la caisse de service de la boulangerie devra d'abord rentrer dans les avances qu'elle fait en ce moment ; mais aussi, répétons-le, les souffrances de la classe nécessiteuse sont grandes dans cette saison, les denrées sont fort chères, les loyers sont très élevés, et nous devons hâter de tous nos vœux et de toutes nos forces le jour où le malheureux pourra acheter son pain au prix moyen des cinquante-trois dernières années.

Eugène Dauriac.

(*Le Siècle*, 11 janvier 1854.)

Nous avons cru devoir emprunter ce tableau, qui vient donner une force et une autorité très grandes à notre combinaison.

MÉMOIRE

(PUBLIÉ EN OCTOBRE 1853)

SUR

LE COMMERCE, LES OPÉRATIONS

EN BLÉS ET FARINES;

LA BOULANGERIE

CE QU'ILS SONT, CE QU'ILS PEUVENT ET DOIVENT ÊTRE.

La nature ne se présente, en aucun cas, d'une manière absolument précise, invariable et bonne; elle nous donne le bien et le beau, et à côté elle place le mal et le laid, sans lesquels le bien et le beau ne seraient point appréciés et n'auraient point de raison d'être. Dieu nous impose des maux, des souffrances; mais contre tous il a créé le remède, nous laissant le soin de le trouver et de l'appliquer. Ce que Dieu a fait est bien fait; le mal ne vient pas de Dieu; il provient des hommes, qui ne savent pas l'éviter, l'écarter.

Les récoltes mauvaises et insuffisantes que la terre nous donne à certaines périodes, toujours trop rapprochées, et qui toujours causent une grande agitation, un malaise social, sont dans l'état de nature: l'intelligence et le travail de l'homme ne peuvent rien contre une mauvaise température; mais aussi le remède existe dans la nature: il se trouve dans les années d'abondance et de qualité que la terre nous procure alors qu'elle est fécondée par une bonne température, et qui laissent, après nos besoins satisfaits, un excédant plus ou moins considérable. C'est donc dans l'économie, dans la conservation de cet excédant que nous pouvons trouver l'arme avec laquelle nous combattrons le mal que nous occasionnerait une mauvaise récolte.

L'application de ce système de prévoyance est simple, facile et connue; nos ancêtres avaient la sagesse de la pratiquer; le bon la Fontaine nous l'a spirituellement et naturellement présentée : pourquoi sommes-nous encore à nous l'approprier? pourquoi nous en éloignons-nous de plus en plus?

Il faut le dire et le reconnaître, nos moyens d'action, de direction, pour ce qui est de ce point, portant à faux, tournent à mal au lieu de produire le bien : nous sommes dans une fausse voie, nous naviguons sur une mauvaise mer; il nous faut virer de bord et abandonner complétement notre point de départ, chercher un autre appui.

L'impuissance de nos moyens, les effets de notre imprévoyance sont frappants et nous blessent à tous instants... L'année 1846 nous donne une récolte médiocre et nous trouve sans moyens d'y parer; le renchérissement du blé est subit, excessif; le déficit est au plus d'un dixième, l'élévation du prix est de trois fois plus que le prix normal; notre législation, nos institutions magistrales ne sont point en position de prévenir la crise, de l'amoindrir, d'éclairer l'opinion publique et de faciliter des moyens de secours prompts et énergiques; elles opposent des entraves et des embarras... Alors aussi les mauvaises passions se développent et viennent aggraver la position.

L'intérêt privé, la spéculation et le jeu se jettent à la traverse, exagèrent le mal, répandent la terreur, trompent l'autorité, ignorante et effrayée; les sentiments humains et généreux restent impuissants. On ne forme pas une ligue contre le monstre dévorant; seulement, des secours de charité apportent des soulagements minimes et partiels. La municipalité de Paris dépense 8 à 9 millions à titre de secours, mais sans effets contre le mal, sans combinaison aucune; des sommes énormes passent à l'étranger et appauvrissent la nation... On ne saurait dire ce qui serait arrivé si la nature nous avait continué ses rigueurs.

Heureusement, la Providence veillait sur nous et nous donnait l'été de 1847 chaud, sec, fertilisant. Près d'un mois avant l'époque ordinaire, nous recueillons une moisson abondante et riche. Nous étions sauvés, notre pain quotidien était assuré pour longtemps.

Alors une réaction s'opère: à la cherté excessive succède un cours très bas; la rareté cesse, l'abondance arrive. Les blés anciens, que l'on croyait épuisés, viennent faire concurrence aux blés nouveaux; l'intérêt privé, la spéculation, les tenaient cachés pour les faire payer plus chèrement, au risque d'augmenter la misère, de provoquer la famine, de troubler le repos public.

Le danger éloigné, on oublie le danger, et nous retombons dans notre indifférence ordinaire.

Trois, quatre années de bonnes récoltes se succèdent et nous donnent des excédants considérables que nous accueillons comme un fardeau. La stérilité nous ruinait, menaçait notre existence; l'abondance produit les mêmes effets: nous ne savons comment employer nos richesses. Ici encore aucun système ne se présente, aucun guide ne nous dirige, nulle initiative ne surgit; notre agriculture ne trouve pas de ses amas de blés un écoulement national; la spéculation, qui avait lancé ses capitaux dans le commerce des blés alors qu'il y avait agitation et perspective de gros bénéfices, retire ses capitaux et disparaît avec eux complétement du marché alors qu'il est calme et stationnaire, alors qu'il faudrait acheter pour conserver, approvisionner et attendre. Notre agriculture, ainsi abandonnée, livrée à elle-même, pressée par des besoins de réaliser, est forcée de vendre à vil prix, sur les marchés étrangers, une denrée bien précieuse, qu'elle expatrie et qui bientôt nous fera défaut, que bientôt nous redemanderons à l'étranger au poids de l'or...

Ce bientôt nous l'avons atteint, c'est notre instant actuel: la nature, lasse de nous prodiguer ses bienfaits, peut-être aussi indignée du mauvais usage que nous en faisons, nous donne en 1853 une récolte peut-être point mauvaise, mais à coup sûr insuffisante. Les mêmes effets de la cherté de 1846 se reproduisent par les mêmes causes; seulement, et par aggravation, au lieu de se présenter au mois de novembre, ils apparaissent dès l'ouverture de la saison, avant la récolte moissonnée. — De 17 à 18 francs l'hectolitre, le blé a atteint 30 à 33 francs; le pain a subi à peu près la même hausse: de 55 à 60 cent., il est passé à 86 cent. le kilo. Notre législation de 1853 est la même que celle de 1846; les mêmes plaies se rouvrent; la spéculation et le jeu produisent les mêmes ravages; la même inégalité dans les prix de contrée à contrée se produit.

Cependant deux *faits* très importants surgissent et font diversion à la position de 1846. — Notre Gouvernement, trop jeune encore pour avoir pu changer la législation sur les céréales, intervient cependant dès le début de la crise par des mesures assez énergiques, très prudentes, dont l'effet ne peut être encore apprécié, et indique par là qu'il veille et est disposé à protéger. Le gouvernement de 1846 était intervenu peut-être moins énergiquement, plus tardivement et sans doute moins heureusement.

Nous n'avions point en 1846-47 un réseau de chemins de fer développé et touchant à toutes les contrées comme nous l'avons en 1853, et les moyens de combler un déficit là où il se présentait, d'établir un cours à peu près égal partout, n'existaient pas comme ils existent en ce moment. C'est à cette impuissance de communications rapides et étendues que l'on attribuait le développement rapide et élevé de la crise de 1846-47.

Ces deux faits nouveaux ont-ils eu l'importance qu'ils pouvaient avoir, et ont-ils produit l'effet que l'on en attendait? Nous ne le pensons pas. L'intervention du Gouvernement, quoique immédiate et démontrée par une opération importante, celle de l'achat de l'approvisionnement en blé et pour une année de ses armées, et par des décrets importants, n'a produit sur le marché et sur la spéculation qu'un effet passager, qu'une crainte bientôt dissipée.

On a tout de suite reconnu que le Gouvernement péchait par où son devancier avait péri, c'est-à-dire qu'il était pris au dépourvu, et qu'il aurait besoin de se servir des agents et moyens existants et fonctionnants, qu'il devait les ménager, les protéger. Au nom de la liberté du commerce, on lui a porté le défi d'aller au delà de ce qu'il avait fait pour ses soldats, et il a déclaré ne vouloir aller plus loin. C'est un engagement peut-être dangereux et imprudent, peut-être heureux, selon ce que les événements nous produiront, mais c'est un engagement sérieux. Nous avons besoin de faire remarquer ici que le Gouvernement, alors qu'il opère et achète directement là où il trouve le plus d'avantages, transmet directement, sans bénéfices, ces approvisionnements là où est la consommation, tandis que le commerce, la spéculation, traitent leurs achats pour les vendre, revendre autant de fois que possible avant qu'ils arrivent à la consommation, de sorte qu'un nouveau marché, un changement de mains, entraînent une surélévation de prix.

Ce n'est pas non plus sans un sentiment de craintes bien vives que nous avons vu le Gouvernement prendre avec la boulangerie de Paris, par l'organe de M. le préfet de police, un engagement très sérieux, celui de leur emprunter pour ensuite leur rendre par argent ou par compensation; nous voyons dans cette mesure une transaction avec un parti, un service réclamé que plus tard on fera payer bien cher, sans que le bienfait actuel soit démontré.

Bien qu'il n'entre pas dans nos idées de discuter les actes de l'autorité, nous serons obligé de revenir sur cette mesure très grave. La question que nous traitons n'est pas politique, elle est d'économie politique, et nous oblige à discuter avec le Gouvernement et l'autorité sans cependant leur porter atteinte.

Le second fait, l'apparition des chemins de fer sur une grande partie de notre territoire, n'a produit encore aucun effet favorable. Nous pensons que ce sera pour l'avenir une cause de soulagement ; mais les chemins de fer seuls ne sauraient prévenir une disette. C'est donc à tort qu'on a dit et que l'on dirait qu'avec les réseaux de fer les disettes et les élévations dans les cours ne sont plus à redouter.

Maintenant, et au moment que nous abordons, nous nous trouvons en pleine crise. Comment en sortirons-nous? Voilà la question, le point culminant.

On espérait de la baisse, elle ne se présente pas. On compte sur de nombreux arrivages de l'étranger pour approvisionner nos marchés et faire fléchir les prix à l'intérieur. Cela aura-t-il lieu? Cela pourra-t-il se faire?

Nous croyons que les achats faits à l'étranger arriveront dans notre intérieur à des conditions lourdes, avec des prétentions ambitieuses ; nous croyons que nos blés nationaux, toujours préférables alors qu'ils ont été bien récoltés, par cette seule raison qu'ils n'ont point subi les fatigues et les altérations d'un long voyage, seront recherchés, se présenteront avec réserve, et aussi avec de hautes prétentions. L'alarme est répandue : le producteur et le détenteur seront observateurs et très exigeants. Selon nous, la baisse ne pourrait provenir que par l'effet heureux d'une surprise dans le rendement de la récolte, qui pourrait être supérieure à l'opinion que l'on en a... Mais encore cet événement heureux, on se le dissimulerait tant que l'on pourrait, par l'espoir et l'envie que chaque détendeur ou vendeur a de réaliser un gros bénéfice. Ces terribles enjeux ne se liquideront que lors de la récolte prochaine.

Pour nous, le point important ne se trouve pas là. Nous sommes dans une position difficile : nous en sortirons comme nous pourrons et avec des sacrifices plus ou moins grands, mais nous en sortirons, cela est sûr.

Le point important consiste à savoir comment, par quels moyens, nous garantirons notre avenir contre de telles éventualités ; comment nous guérirons cette plaie, afin qu'elle ne se rouvre plus.

Nous pouvons, lorsque nous sommes en plein incendie, faire la part du feu ; mais nous devons, alors que nous réédifions, prendre les plus grandes précautions contre un nouvel incendie, mais lorsqu'une maison, un édifice sont ravagés par l'incendie, nous ne résistons pas au besoin de les relever, et nous le faisons en introduisant toutes les améliorations possibles, tandis que nous résistons au besoin de relever notre position sociale et morale affaiblie, alors qu'elle vient d'être frappée par le désastre de la famine. Nous avons survécu à la crise: notre estomac et notre bourse en ont fait les frais. Le mal passé, nous nous confions de nouveau à l'avenir avec légèreté et indifférence — *A la grâce de Dieu!...* — C'est là qu'est le mal!

Nous avons beaucoup étudié cette position; nous avons beaucoup dit et écrit sur cette question, et c'est parce que nous comprenons combien ce mal qui nous ronge est difficile à combattre radicalement, que nous éprouvons le besoin, en ce moment de nouveau danger, de développer plus à fond nos idées, nos moyens curatifs; c'est parce que nous sentons mieux que personne combien le Gouvernement et l'opinion publique ont besoin d'être stimulés, que nous faisons de nouveaux efforts pour les éclairer et les entraîner dans une voie élevée et prévoyante. Ce n'est point une prétention, c'est une conviction que nous avons; c'est un devoir que nous croyons remplir, que nous voulons remplir avec ferveur; nous voulons soulever les voiles et mettre au grand jour les points les plus obscurs de la question, montrer tout le mal, et faire ressortir tout le bien que l'on peut attendre.

C'est une tentative difficile, ingrate. Les gouvernements n'accueillent pas avec facilité et tout d'abord les avis qui sont contraires à leurs allures, à leurs habitudes, tandis qu'ils se montrent empressés et complaisants pour ceux qui abondent dans les idées pratiquées.

De son côté, et malgré son puissant intérêt, l'opinion publique se montre paresseuse à l'étude trop aride de ces questions. Nous ferions des révoltes, même des révolutions, si le pain nous manquait, mais nous ne consacrerions pas un seul instant ni le moindre effort de notre intelligence à étudier les moyens d'éviter une famine.

Ce sont là les écueils contre lesquels nous pouvons nous heurter; nous n'en poursuivrons pas moins notre marche, certain que nous sommes d'être compris et aidé par un grand nombre d'esprits élevés et généreux qui sont sincèrement dévoués aux besoins de l'humanité et de leur patrie.

Jusqu'à ce moment l'action du pouvoir a été très étendue et très influente sur tout ce qui se rattache aux céréales, au pain. — Les règlements administratifs, les décrets et ordonnances sont très multipliés, pullulent de toutes parts; cela n'a pas empêché la cherté, les craintes, les abus, les récoltes insuffisantes de se produire et reproduire. — Cette intervention du pouvoir a toujours pour principe le bien public et l'intérêt de l'actualité, et c'est par cette raison qu'elle ne se produit jamais qu'en des temps difficiles, parce que jamais elle n'est étudiée, méditée dans des temps de calme et de prospérité, qu'elle porte toujours à faux, et ne produit jamais le bien seulement : elle se produit toujours par secousses, en dehors de toutes prévisions.

Si l'on veut de bonnes lois, des règlements justes et bienfaisants, il faut les étudier à l'avance, en temps de calme et de repos, et non les improviser sous l'influence et à l'apparition d'un danger ou d'une menace.

Nous ne ferons pas ici la nomenclature de tous les décrets et règlements que subit le commerce des grains, nous ne ferons pas état de l'action du pouvoir; nous aurons à y revenir alors que nous traiterons la *question pratique ;* mais nous disons que si le pouvoir veut se montrer éclairé, juste et humain, il doit briser d'un seul effort tout cet échafaudage de législation qui a été amoncelé en des temps et pour des causes qui n'existent plus et qui sont loin de nous; il doit prendre une attitude toute nouvelle qui sera bien plus énergique, qui le rendra plus fort et plus grand, parce qu'elle reposera sur le principe sacré de *la liberté*..... de *la liberté* sagement organisée, sagement employée. Nous sommes profondément convaincu que le Gouvernement, après avoir détruit jusque dans les fondements les plus profonds tout ce qui existe, peut et doit se borner à être seulement, simplement *organisateur protecteur*, et rester dans une confiante expectative!!!

Lorsqu'un pouvoir donne une liberté, il peut et doit lui tracer quelques limites, lui imposer quelques devoirs.

Lorsqu'un pouvoir se laisse ravir une liberté, il n'a contre elle aucune puissance et ne peut lui mettre un frein.

Que notre Gouvernement accorde à tout ce qui touche à la production du *pain* une liberté franche : pourvu et à la condition que la prévoyance, l'intérêt du consommateur, c'est-à-dire celui de tous, l'intérêt du producteur, soient sauvegardés contre les attaques du despotisme, de la spoliation et de l'usure; alors, mais seulement alors, tous obstacles seront levés, le génie de la science et de l'industrie privée, le sentiment du bien, se chargeront de lever toutes les difficultés et y arriveront promptement. Alors notre avenir sera assuré, tous nuages orageux auront disparu.

La philanthropie et la morale excitent la famille à l'économie et au placement de prévoyance, et lui montrent les caisses de l'État ouvertes à leur épargne. L'État recueille ainsi des capitaux importants dont il a la responsabilité, et auxquels il donne un mince intérêt... Ne serait-il pas tout aussi moral et philanthropique, plus utile et plus productif d'engager, de pousser la famille à placer son épargne dans les caisses de réunions d'hommes probes et sérieux, formant société pour instituer et faire fonctionner des établissements dans lesquels tout ce qui peut assurer l'amas et la conservation des blés, la production la plus complète du pain, se trouverait réuni dans les conditions les plus certaines, les plus élevées, les plus libérales, rendre ainsi la chaumière et le château ses propres assureurs contre l'insuffisance et la famine.

C'est là le but que nous présentons au Gouvernement, c'est celui que nous voulons atteindre.

Serons-nous écouté, serons-nous compris? nous l'ignorons, mais nous ferons tout pour que cela soit.

Déjà depuis longtemps nous avons développé et présenté ce système; nous avons, pour l'appuyer, fait de nombreuses démarches, et nous ne sommes encore arrivé à rien...

Des Causes de disettes, de déficits et de prix élevés. — Des effets de la spéculation.

Nous l'avons dit en commençant, les disettes et les manquements de blés ne sont pas l'œuvre de la nature. Elle nous donne aujourd'hui le pain quotidien avec abondance, avec générosité; demain elle nous le donnera avec parcimonie, avec avarice, mais toujours elle donne; sa source ne tarit pas... Ce qu'elle distribue avec faiblesse à l'homme du Nord, elle le donne au même moment avec prodigalité à l'homme du Sud. Nous présentant ainsi deux moyens d'équilibrer notre position et d'assurer notre aliment indispensable : d'abord, l'approvisionnement, en réservant pour le lendemain notre excédant du jour; ensuite, l'emprunt à notre voisin, lorsque nous n'avons pas assez, et que lui a de trop.

Si la part que nous fait la nature est suffisante, par compensation, nous devons nous en contenter, et ne point aller chez notre voisin. Mais la nature, variable et capricieuse, peut nous donner de longues séries de fortes parts et d'abondance, et nous affliger ensuite, pendant une longue période, de parts petites, insuffisantes.

Afin d'établir l'équilibre et de le maintenir, il nous faut organiser un système de réserves et de conservations. C'est là la prévoyance la plus simple et la plus facile à observer.

Nous ne devons emprunter que lorsque notre approvisionnement personnel est menacé d'épuisement, comme cela peut arriver; et comme alors nous ne devons recourir à l'emprunt qu'à de bonnes conditions, il nous faut aussi nous placer dans le cas de pouvoir prêter à notre voisin, alors qu'il sera au dépourvu.

Nos approvisionnements et réserves en temps d'abondance doivent donc avoir pour but : d'abord, d'être utiles à nous-mêmes; ensuite, de secourir nos voisins qui nous auront secourus.

Cette marche, tracée par la nature, cette mesure de prudence et de soucis de notre conservation, dont nous trouvons les exemples partout, nous ne savons pas les observer, les appliquer. Notre intelligence, nos passions et nos défauts ont gâté l'œuvre de la nature; nos gouvernements, nos législateurs y ont aidé puissamment en intervenant toujours mal à propos, sans but étudié ni déterminé, nous faisant aller de cahot en cahot.

Lorsque nous avons une part abondante, nous la livrons sans réserves à nos voisins, à des prix qui ruinent notre production; nous n'avons pour l'amas et la prévoyance aucun système, aucun crédit arrêtés, prêts à fonctionner. La spéculation, au lieu d'acheter s'abstient; nos greniers ne peuvent recevoir nos blés; nous n'avons aucun mode de conservation pour les préserver contre les nombreux et actifs agents destructeurs. — Nous sommes encore, à cet égard, à l'état de nature. Nous opérons isolément, individuellement, et sans force : nous usons nos facultés...

Alors que vient la part faible, insuffisante, chacun de nous manque de sagesse, se laisse aller à la peur; chacun pense à se pourvoir, alors que cela est dangereux; on veut avoir trop pour soi, dût son voisin être affamé. Au lieu de nous réunir, de concentrer nos forces, de diriger nos efforts avec précision pour agir contre le mal, nous opérons encore isolément, sans nous communiquer, sans nous aider.

Le fort veut opprimer le faible; l'homme habile, fortuné, apporte tout à coup, à ce moment, et son expérience et son capital, et travaille avec ardeur, et à découvert, contre les masses. Au milieu du désastre, il surgit des fortunes colossales; la spéculation, qui refusait son capital à la production, alors qu'elle avait à présenter son grain en échange, agit avec ardeur, avec force; chacun spécule et joue, et contribue à aggraver le mal... Pourquoi? parce que nous n'avons aucun système, aucun moyen de concentration, d'unité. Nous demandons tardivement à nos voisins, aux pays plus producteurs que le nôtre, le grain qui nous manque, et nous épuisons fortement notre fortune publique.

Nous faisons là de l'histoire ancienne, mais aussi c'est de l'histoire moderne, de l'heure actuelle; car en ceci le vieux ne vieillit pas, il se reproduit toujours.

Unissons donc nos efforts; soyons assez sages, assez prudents pour créer des réserves, former des approvisionnements; nous ne pouvons y arriver que par la collection de tous, par l'union. Anéantissons l'individualisme, l'action isolée toujours impuissante; alors nous aurons chassé de notre marché la spéculation et le jeu, qui sont les fléaux les plus dévastateurs. Alors la peur ne sera plus et n'aura plus de raison d'être exploitée.

Les précédents et les événements du jour démontrent que la spéculation est le fléau le plus terrible comme le plus actif; sachons le mettre à bas sans qu'il puisse se relever. Cela nous est facile.

Du Commerce des Grains.

Ce que nous avons dit au chapitre précédent abrége ce que nous avons à dire en celui-ci, sans cependant le rendre inutile.

En notre pays de France, le commerce de grains, les transactions, manquent de lien, d'unité, de continuité! Cette situation nuit beaucoup à la production, à notre agriculture, qui, ne voyant jamais certitude, ne trouvant point appui et protection, ne sait comment se diriger.

Le capitaliste, le propriétaire et le producteur qui ont voulu faire des réserves, des amas de blés en temps de bas prix, qui les ont conservés pour les vendre avec gros bénéfices en temps de cherté, ont été considérés comme des accapareurs et ont quelquefois couru des dangers... C'est là cependant le seul mode d'approvisionnement que nous ayons, et on le voit, il est dangereux parce qu'il est vicieux, et, on peut le dire, mal intentionné.

Le capital, en cette matière, n'opère que par secousses et oppositions; il s'éloigne alors qu'il serait le plus utile, et ne paraît qu'alors que son action est terrible, ses effets dangereux.

Le capital déserte alors qu'il y a abondance et qu'il pourrait opérer sur des masses *pour* conserver.

Le capital paraît avec abondance alors qu'il y a rareté de matière, alors qu'il y a disette, et alors, comme la matière ne peut l'absorber, il s'alimente par des marchés multipliés outre mesure, par des marchés fictifs qui rendent les opérations dix fois plus considérables qu'elles ne le sont en réalité.

Dans ce premier cas, le capital ruine la culture par l'absence de son concours et la force à vendre son excédant à l'étranger, en acceptant toutes les conditions.

Dans le second cas, le capital ruine la consommation en s'emparant avec précipitation et sans mesure de la matière; il ruine la nation en faisant venir de l'étranger, à des prix très élevés, le grain qu'il avait mission de nous conserver, et encore alors, il trompe l'agriculture par l'enchérissement de la denrée qu'il provoque, et en lui faisant apercevoir un bénéfice qu'elle ne peut toujours réaliser.

Le capital opère mal et très malheureusement, et cependant c'est le capital qui doit enrichir l'agriculture, donner au consommateur le bas prix du pain, diriger et dominer le marché... Que lui faut-il pour cela, que lui manque-t-il pour cela?... *Une bonne direction, une sage action, une puissance d'union et de concentration, un but unique dans son emploi.*

Le cultivateur n'a pour acheteur journalier et habituel que la meunerie et le petit particulier qui fait son pain par lui-même, qui est un trop faible consommateur pour que nous nous y arrêtions... Mais la meunerie est elle-même trop multipliée, trop divisée, point assez riche en capital et en crédit, point assez pourvue de bâtiments et de greniers pour faire à la fois de forts achats et amasser; elle n'opère qu'au jour le jour, très petitement; elle attend le moment, le jour où le fermier aura besoin de ses écus pour obtenir son blé à bas prix; la meunerie, en un mot, exploite beaucoup plus l'agriculture qu'elle ne lui vient en aide.

Les livraisons que l'agriculture fait à l'étranger s'opèrent par l'intermédiaire de banquiers, de facteurs, etc., etc., etc. Cette intervention n'est pas favorable au vendeur.

Alors que nous sommes obligés de tirer du blé de l'étranger, notre commerce intérieur et ordinaire n'est point en mesure d'agir et d'opérer par lui-même; il n'a pour cela ni capital, ni crédit, ni relations et peut-être point assez de connaissances nécessaires. — Il faut donc que le capital, le crédit, les relations à créer et les connaissances à avoir se trouvent ailleurs et se produisent à l'improviste; tout cela se rencontre et se trouve par la *spéculation.* Les maisons de banque et de commission portent leur attention sur cette position, et lui prêtent le concours de leur capital, de leur crédit, de leurs relations établies.

Mais alors l'opération d'achat se constitue par un petit nombre et devient un monopole très redoutable... Le petit nombre opère sur des masses et les distribue par fractions à grand nombre de petits sous-acheteurs. — C'est ainsi qu'une partie de blé se divise, se vend de quatre à dix fois avant qu'elle arrive à la consommation ; c'est ainsi que la consommation se trouve grevée de droits et de frais trop onéreux.

Que faut-il pour éviter cette intervention onéreuse, absorbante et passagère? Toujours *un capital puissant* capable de fonctionner en tout temps, en tous lieux, une organisation sage et prévoyante...

De la Production, de la Consommation.

Le lien qui unit ces deux nécessités doit être tellement fort qu'il serait indissoluble.

Le gouvernement, quel qu'il soit, ne saurait *jamais* se soustraire à ces deux influences. — Il a le devoir d'assurer et de protéger l'une et l'autre, car c'est le lien social et la clef de l'édifice.

Cette protection, il ne peut la donner ni par son intervention personnelle et active, ni par des sacrifices soldés par ses trésors, ni même par une intervention passagère plus ou moins brusque, soit en grevant, soit en dégrevant, selon les cas qu'il n'aurait pas prévus.

Le gouvernement ne peut user de ce droit seulement que comme *organisateur*, comme *protecteur* !

Le bon roi *Henri* et le grand *Sully* nous promettaient *la poule au pot ;* ils auraient certainement assuré à chaque famille le pain quotidien, *le pain de blé*. Cette tâche est encore à remplir, et c'est une grande gloire à conquérir pour un gouvernement. Il est malheureusement *certain* que la moitié des Français ne mange pas de *pain de blé*, mais se nourrit avec une composition plus ou moins mauvaise, insalubre... Que cela tienne à d'anciennes habitudes, à des routines, il est exact que le principe en a été puisé dans la misère, dans la nécessité, et qu'il faut combattre et détruire ces tristes effets.

La production doit se développer par la consommation, de même que la consommation doit assurer la production : *il y a connexité*.

De même qu'il ne doit y avoir que la séve entre l'arbre et l'écorce, de même il ne doit se trouver entre la production et la consommation que la *séve*, c'est-à-dire *le travail*.

Le capital est indispensable à la production, de même qu'il est utile aux exigences de la consommation : c'est à la consommation à fournir le capital à la production : là est le principe de l'organisation... Le capital a besoin de mouvement et ne se produit que par le renouvellement : la consommation étant incessante et se renouvelant chaque jour, a forcément besoin d'emprunter à la production des *avances*, des *approvisionnements* qui répondent à l'importance de son activité, lesquels approvisionnements s'écouleront et se renouvelleront à chaque instant par un mouvement continu.

Nulle part ailleurs on ne saurait trouver un principe de *réserves* plus simple, plus *sûr* que dans cette mutualité de services.

Notre agriculture ne produira jamais assez, jamais trop... La France doit être assez riche pour assurer à chacun de ses enfants sa ration de pain *de blé*. Pour cela il lui faut plus de *cent millions* d'hectolitres par année.

La production actuelle n'en fournit à la consommation que moitié, soit *cinquante à cinquante-cinq* millions.

Le prix rémunérateur est de 16 fr., et à ce prix le pain peut être fourni par un travail intelligent, de 20 à 23 c. le kilogr., *soit* 23 c.; il faut à chacun 700 grammes par jour, soit un débours de 17 c., 250.

Il nous semble bien regrettable que la nation française, la plus civilisée, ne puisse assurer cette dépense si minime qu'à la moitié de ses membres.

Il reste donc beaucoup à faire pour la production et pour la consommation.

La consommation a besoin de se développer pour s'étendre à *tous;* elle a besoin de pousser, d'encourager la production nationale.

Elle doit même recourir à la production étrangère.

La consommation ne peut s'étendre et trouver un prix bas et régulier que par un travail intelligent, par un rouage puissant et simple, par un intérêt concentré et modeste, c'est-à-dire par l'*association*, par la *collection de tous*.

La consommation n'a à demander au gouvernement que la liberté de s'organiser dans les limites et conditions qu'elle arrêtera et déterminera avec lui.

La production a besoin de la sollicitude de l'État, de son concours actif et éclairé, pour tout ce qui peut lui procurer toutes les bonnes et économiques conditions de son exploitation, de son travail.

La propriété foncière, la terre à blé, n'ont rien à redouter des envahissements de la production étrangère qui, à mesure qu'elle se fera, étendra la consommation, surtout avec le concours que nous devons attendre des voies ferrées. Notre sol ne produit pas assez de plantes fourragères et légumineuses ; nous n'avons ni assez de bétail, ni assez d'engrais ; il y a donc beaucoup à produire et beaucoup à demander au sol.

L'introduction du blé étranger développera notre navigation, étendra notre commerce par l'échange et réalisera le problème du *pain quotidien à tous et pour tous.*

Le blé est, de toutes les céréales, celle qui se produit avec le plus de facilité et qui donne les résultats les plus certains. Le blé vient sous tous les climats, dans toutes les terres ; il se transporte facilement. Aussi tout aussitôt que l'homme fait sur le globe un envahissement, c'est par la culture du blé qu'il l'utilise.

De la Meunerie et de la Boulangerie.

Nous placerons en tête de ce chapitre les paroles que vient de prononcer une bouche auguste :

« Au milieu de la paix, généralement l'égoïsme et l'intérêt finissent » par tout énerver. »

Voici bien des années, nous pourrions dire des siècles, que les deux industries, la meunerie et la boulangerie, travaillent en paix, avec calme et tranquillité ; voici longtemps qu'elles se sont emparées de nos marchés, consommateur et producteur, qu'elles les exploitent et se les partagent, si ce n'est avec art et intelligence, du moins avec douceur et profits.

« Absence de concurrence ; législations favorables, rapports admi- » nistratifs toujours protecteurs, organisation, coalition et monopole, » spéculation et jeu, » voilà sur quoi s'appuient les deux organes producteurs *du pain.*

L'oreiller de la protection leur a été bien doux, et ce ne serait pas trop tôt si un organe nouveau, armé de toute la force que donne une constitution jeune et robuste, surgissait pour leur donner un peu de souci et leur demander une petite part du terrain qu'ils ont envahi.

Il existe entre ces deux corps union et fraternité. La boulangerie seule est monopolisée et forme corporation ; mais, en bonne sœur, elle laisse la meunerie jouir d'une bonne part de cette exception ; il y a entre leurs intérêts *connexité.*

Meuniers et boulangers parviennent à maintenir dans l'obscurité les questions les plus faciles à éclairer et à écarter les réformes les plus saines.

Grâce à eux, le problème du rendement du blé en farine et de la farine en pain est encore à l'état de question (1).

« Lorsque le meunier a besoin de se faire pauvre, il dit qu'il ne peut » moudre à blanc et bluter qu'à 55 à 60 pour 100.

« Lorsqu'il veut vendre ou louer son usine, il affirme que, grâce à » la supériorité de son mécanisme, au bon choix de ses meules, il ob- » tient du blé une farine à blanc de 75 à 78 pour 100.

» De son côté, le boulanger dit à l'autorité qu'il ne peut tirer dans » un sac de farine de 157 kilogr. que la quantité de cent pains, chacun » de 2 kilogr., soit 28 pour 100.

» Cependant si vous vous présentez comme acquéreur d'un fonds » de boulangerie, soit à la boulangerie, soit dans un cabinet spécial à » ces transactions, on vous dira que l'administration se base sur le » rendement de *cent pains* par sac, mais que le travail produit *cent six*, » *cent huit*, quelquefois *cent dix* pains ; que le pain de fantaisie non as- » sujetti au poids ni à la taxe, donne aussi un supplément de bénéfice » de 100 pour 100, etc. »

Ainsi se base la vente d'une boulangerie : plus elle fait de pains à poids réduits et plus elle introduit de l'eau dans la farine, plus elle gagne. S'il faut en croire des rapports officiels, elle emploie, pour grossir son gain, bien d'autres moyens plus ou moins contraires à la morale et à l'hygiène, et qui échappent à la surveillance.

La boulangerie travaille obscurément et dans l'obscurité : ses laboratoires sont des caves humides à air vicié, ses instruments de travail sont aussi grossiers, imparfaits, qu'ils étaient à des temps bien reculés ; la main de l'homme plus ou moins valide, plus ou moins sain et sobre, pétrit la pâte et y jette des sueurs et des émanations terribles... Le travail est pénible, insalubre, inhumain ; de mauvais levains, des eaux sales, non filtrées, une manipulation imparfaite, un rendement irrégulier, variable selon la disposition de l'ouvrier... telles sont les bases du travail *du pain*.

(1) Depuis la publication de notre travail, M. Thibault, ancien meunier à Niort, a fait paraître chez M. Goin, libraire, quai des Augustins, 41, un ouvrage ayant pour titre : TARIF RÉGULATEUR ET PERPÉTUEL DONNANT LES PRIX DU PAIN, DE LA FARINE ET DU BLÉ DANS CHAQUE COMMUNE DE FRANCE, dans lequel on trouve deux tableaux établissant les rendements des blés en farine moulus à 10 et 15 pour 100 et des farines en pain. Ce travail est très important à consulter.

La boulangerie repousse tout ce que la science et l'industrie produisent pour améliorer sa position : « elle n'a pas besoin de cette amélioration ; » elle est protégée par son monopole ; sa part ne peut lui échapper ; elle ne craint pas son voisin ; tous dorment du sommeil des heureux.

Et, en effet, à quoi lui serviraient de nouveaux éléments de travail plus parfaits, plus propres, elle ne saurait s'en servir, son travail est trop petit, trop divisé.

La boulangerie de Paris est beaucoup trop nombreuse ; celle de la banlieue l'est plus encore : aussi est-elle plus pauvre ; il faut donc retirer toute la quintessence *et plus* d'une petite, très petite exploitation, pour couvrir les frais et gagner.

Les garanties de sûreté que prescrit l'autorité, en retour du privilége qu'elle maintient sont souvent inobservées. Il est rare que les conditions d'approvisionnement imposées à la boulangerie de *Paris seulement* soient complétement remplies, et alors qu'elles le sont, c'est dans de mauvaises conditions.

Aux termes du règlement, tout propriétaire de fonds de boulangerie doit être boulanger de son état et savoir faire le pain. Cependant il se rencontre dans les titulaires les trois quarts qui ignorent complétement le travail et qui sont devenus acquéreurs, parce que le monopole leur présentait une certitude de succès et une garantie contre leur ignorance.

Ce monopole place au même degré l'exploitant aisé, intelligent et adroit, et l'exploitant malaisé, ignorant et *incapable*.

La meunerie des environs de Paris approvisionne la boulangerie de Paris et de la banlieue. Les achats se traitent de gré à gré, soit à la halle, soit en dehors de la halle ; et comme la taxe du pain s'établit d'après les cours arrêtés entre vendeurs et acheteurs et déclarés au contrôle, représentant de l'autorité, vendeurs et acheteurs déclarent ce qu'ils veulent *en prix et quantité*, soit opérations *sérieuses*, soit *fictives*. Il importe aux deux intérêts que la taxe du pain soit forte : aussi, à chaque renouvellement, à chaque quinzaine, les cours sont entraînés en hausse.

Le meunier qui apporte au boulanger le crédit, a intérêt à le soutenir ; et plus il le soutient, plus il traite avantageusement pour lui.

Beaucoup de meuniers sont propriétaires plus ou moins indirectement, clandestinement, bailleurs de fonds ou commanditaires de fonds de boulangerie achetés par des hommes sans moyen, de sorte que le vendeur se trouve être acheteur, et que les deux déclarations se confondent en une.

Une seule maison farinière passe pour avoir ainsi une prépondérance absolue sur trente ou quarante fonds de boulangerie.

C'est sur ces bases si fragiles, jamais prouvées ni affirmées, que s'établit la *taxe du pain*, appréciation la plus délicate, la plus importante comme la plus difficile à déterminer...

M. Angé, un ancien contrôleur, nous répondit ainsi sur les observations qu'à cet égard nous lui adressions : « Nous savons que nous som-
» mes trompés, que l'intérêt privé et le mensonge dominent les décla-
» rations qui nous sont apportées... Cela est pénible, mais cela est, et
» nous n'y pouvons rien ; nous sommes là en quelque sorte pour tenir
» la chandelle !! »

Que chacun apprécie et juge...

Meuniers et boulangers se livrent à la spéculation, plus ou moins. Il existe toujours à la halle de Paris un parti à la hausse, un parti à la baisse ; les enjeux sont fort nombreux : la spéculation travaille avec ardeur. En temps de craintes et de disettes, on traite à terme, au comptant, et par compensations, *mille sacs* de farine marque *D*, comme on achète à livrer mille actions de telle valeur à la Bourse.

La marque *D* est l'étoile, le panache de la spéculation, comme à la Bourse telle influence domine. — Aussi cette marque, au début de la crise actuelle, a-t-elle monté rapidement de fr. 54,58 à fr. 88,90. — Voyez, si vous voulez, les bulletins de l'*Écho agricole*, ils vous donneront presque toujours : « La marque *D* fait tant. »

Cependant, l'intérêt général, la moralité, sont fortement froissés par ces menées ; il serait temps de briser avec la spéculation et le jeu sur cette matière si sérieuse, si respectable.

Pourquoi donc, alors que le blé nous manque pour une faible partie, ou seulement alors que surgissent quelques doutes, son prix augmente-t-il tout à coup du *double* et quelquefois plus?

Cette différence si forte, si perturbatrice, ne se présente jamais dans de telles proportions dans les autres denrées et produits : le vin, la soie, la laine, le coton, le café, etc., etc., quelque menacée qu'en soit la récolte ou la production, n'ont jamais que des influences en hausse, lentes, modérées relativement.

Si nous avions un système d'approvisionnement bien organisé et présentant une réserve *officielle ostensible*, seulement de un douzième de notre consommation, soit un mois, cela ne se produirait jamais.

Nous avons déjà trop étendu ce chapitre, et cependant nous aurions encore beaucoup à dire, beaucoup à apprendre sur la boulangerie de toute la France, qui est dans un état de production très imparfait, très onéreux, très arriéré. C'est toujours le trop grand nombre, la division, l'énervement et la faiblesse; les intermédiaires trop nombreux et inutiles.

De la Partie matérielle et des Instruments de travail pour le Blé, le Pain.

Le bien ne saurait rester incomplet, de même que le progrès introduit dans l'action morale ne saurait ne pas pénétrer jusque dans l'action matérielle. L'ordre matériel et l'ordre moral sont inséparables.

On ne saurait donc améliorer, moraliser l'action de l'homme sur le blé, sans également améliorer, moraliser le travail de l'homme sur le pain.

A cet égard, tout nous semble à faire.

Le commerce des grains, nous l'avons démontré, n'a pas de principes bien déterminés; son action est isolée, individuelle, hasardeuse.

La boulangerie est encore à l'état de barbarie; son travail est irrégulier, imparfait dans son effet moral et matériel.

Pour que le commerce des grains soit respecté, ainsi qu'on le demande, il faut qu'il soit respectable, et il ne saurait l'être que par des opérations sérieuses et ouvertes, que par une intervention éclairée dans les besoins de la production, de la consommation. Il importe que ceux qui sont à sa tête et le dirigent ne soient pas sans cesse armés contre les intérêts généraux; il faut au contraire que, en certaines occasions, ils s'identifient avec eux.

Nous le répétons ici, on ne saurait assimiler le blé, production du pain, à toute autre denrée, à tout autre produit. La soie, la laine, le lin et le coton sont à l'usage facultatif; chacun les emploie selon ses moyens, selon ses goûts; il en est de même des vins et spiritueux, aussi de la viande. On peut se chausser avec le cuir ou le bois, couvrir sa tête avec le feutre ou le simple bonnet de coton; mais nul ne saurait se soustraire à la nécessité de l'estomac. Le pain est donc une denrée absolue, générale et de nécessité publique, en un mot, une exception.

Le pain doit se produire par les instruments de travail les plus parfaits, les mieux attentionnés.

Nous l'avons déjà démontré, la boulangerie actuelle est loin d'atteindre ce but. Nous ajouterons quelques considérations à ce qui précède.

Parmi les instruments de travail actuellement au service de la meunerie et de la boulangerie, simultanément, nous signalerons les organes de publicité, les journaux et bulletins des halles et marchés à leur usage. Le plus important et le plus répandu est sans contredit l'*Écho agricole*. Ces différents organes de publicité, tout en voulant toujours se renfermer dans une appréciation impartiale et dans un compte rendu exact, peuvent cependant ne pas échapper entièrement à l'influence des intérêts qu'ils représentent d'abord, parmi lesquels ils trouvent leur clientèle la plus nombreuse. Il nous semble qu'ils sont, en certains cas, les organes d'efforts et de passions qui portent atteinte aux intérêts généraux, et cela serait fâcheux. Nous appréhendons que l'*Echo agricole* ne se livre trop facilement à des points d'appréciation trop en harmonie avec l'intérêt privé, avec une influence entraînante.

Le rédacteur principal de ce journal est un homme de beaucoup d'esprit et de savoir; prompt à l'attaque, prudent dans la défense.

Il nous semble utile que partout l'intérêt général occupe une place élevée et soit représenté par l'impartialité.

Nos ancêtres avaient, pour conserver le blé et assurer leurs approvisionnements, des étuves, des silos, des citernes et des bâtiments de pierre et de bois hermétiquement fermés. Ils conservaient ainsi le blé pendant un temps infini, indéterminé. Pour nous, nous n'avons rien... Des granges et des greniers mal appropriés donnent abri à nos moissons, qui y restent exposées à l'action très active des nombreux agents destructeurs que la nature a produits contre le blé.

De tous les agents destructeurs, le plus redoutable est le *charançon*, que l'on a vainement tenté de combattre et de détruire jusqu'à ce jour.

Nous nous rappelons avoir lu dans le journal *la Patrie*, il y a un peu plus d'une année, des articles fort nombreux et fort longs sur ce terrible insecte. L'auteur, M. Delamarre, nous a semblé avoir tiré un peu de partout. Il présentait des moyens connus depuis longtemps comme impuissants ou inapplicables ; ses idées ne nous ont pas paru présenter de conclusions. D'autres ont moins dit et ont été beaucoup plus loin. Nous en dirions autant des articles publiés par le même économiste et dans le même journal sur le bétail et la viande de boucherie, si nous avions à traiter cette question également très actuelle.

Cependant nous nous défions de notre appréciation; car peu de temps après la production de ses idées, l'honorable publiciste et député a été, à cause de leur mérite économique, et sur la proposition de M. le ministre de la police générale, promu à un grade supérieur dans l'ordre de la Légion d'honneur.

Nous mettons nos blés en couche, nous les criblons et remuons de loin en loin seulement, et nous donnons ainsi à nos ennemis le loisir de dévorer un dixième de notre récolte.

Cependant, la sécheresse, l'extraction de l'humidité renfermée dans le blé, la concentration ou privation d'air, et le nettoyage pour donner la propreté et un mouvement continuel, sont reconnus comme étant les principes à appliquer pour conserver le blé longtemps et sans grands frais.

Mais ces moyens, et d'autres plus efficaces, plus simples et plus commodes, s'il s'en présentait, ne seront jamais appliqués et utilisés, tant que l'action restera isolée, tant que la routine et l'habitude ne seront pas combattues par une intervention puissante et novatrice.

De même que la panification restera un travail barbare, sale, imparfait, compromis par toutes les combinaisons de fraude et de déloyauté, tant qu'une novation active et éclairée ne s'en emparera pas pour la produire dans des conditions que la science et l'industrie déterminent.

A l'état actuel de notre civilisation, de nos relations et de nos intérêts si exigeants, il ne suffit pas seulement d'établir un système d'approvisionnement et de conservation, il faut encore que le système soit productif, mobile dans son action ; il faut enfin qu'il y ait sans cesse un mouvement d'entrée et de sortie, et au milieu la *masse* formant réserve. Cela se comprend, cela est facile à produire, mais seulement par l'action continue de l'achat et de la vente, soit la production et la consommation.

Nous signalerons comme agent de travail le plus perfectionné et réunissant le plus bel ensemble, l'établissement de la boulangerie des hospices civils de la ville de Paris, établi à Paris, faubourg Saint-Marceau, appelé boulangerie *Scipion.*

Cette boulangerie, à la tête de laquelle se trouve un homme très actif et très éclairé, M. Salonnes, produit du pain sans interruption. Ses fours, au nombre de six à huit, ne refroidissent pas et cuisent à peu de frais. Une machine à vapeur de la force de 40 chevaux donne le mouvement partout ; l'homme dirige seulement ; la main de l'homme n'est pas employée au pétrissage de la pâte. Six pétrins mécaniques, de l'invention de M. Bolland, ancien boulanger très distingué, pétrissent, divisent et font les levains, de sorte que la main de l'homme n'a à donner à la pâte que le poids et la forme. Les eaux sont filtrées, chauffées par le moteur et sans frais. — Les farines pesées, distribuées également, le rendement est toujours le même, toujours déterminé, et de 8 à 10 pour 100 supérieur à celui fixé par l'autorité pour la taxe du pain civil. La cuisson est régulière, parfaite, ainsi que la qualité. Les ouvriers sont divisés par brigades; leur travail est doux; ils sont nourris, logés dans l'établissement et échappent aux funestes habitudes, aux mauvaises passions des ouvriers boulangers de la ville. Partout l'ordre, la précision et le contrôle exercent leur bonne influence: il y a une retraite assurée au travailleur qui se consacre à l'établissement. C'est un modèle à suivre; mais on peut encore y ajouter.

En ce moment, on met à l'essai, dans cette boulangerie, deux fours nouveaux d'un système différent, qui doivent produire de grands avantages économiques et hygiéniques.

L'un, composé en grande partie de fer et fonte, et à sole mobile, est l'œuvre de M. Rolland, boulanger;

L'autre, tout en carreaux de terre réfractaire, est dû au travail de M. Carville, ingénieur civil.

De l'autorité, de son intervention.

L'autorité doit être forte et respectée.

Selon nous, elle sera forte et respectable d'autant plus que son action sera simple et son intervention rare et prudente.

En ce moment et pour cette question de l'alimentation, l'autorité est partout, s'étend à tout; son intervention est toujours pleine de sollicitude, mais elle n'est pas uniforme, régulière et n'a pas des résultats toujours heureux.

Ce qui fait sa faiblesse et cause ses erreurs, c'est qu'elle apparaît et agit alors que le danger a surgi, alors que le fléau a éclaté, sans avoir pensé à prévenir le danger, à combattre le fléau.

Elle se sert de ses armes un peu au hasard et à l'improviste.

Les faits récents qui viennent de se passer dans différentes contrées de la France et qui sont à la connaissance de tout le monde, notamment l'affaire de Thiberville (Eure), prouvent que pour la police des grains et de la boulangerie, les lois sont nombreuses et compliquées, les arrêts municipaux aussi beaucoup trop multipliés et difficiles à sainement interpréter et exécuter.

Chaque localité, chaque municipalité, croient devoir, en ces temps difficiles, prendre des mesures favorables à leur contrée et provoquent des moyens, des arrêts, qui souvent s'écartent de la voie d'ensemble et d'unité qui doit être le seul guide à consulter.

Tous ces faits sont les dénonciateurs les plus accablants de notre incurie, de notre imprévoyance et de notre fatale habitude d'agir chacun isolément, de vouloir trop avoir, de développer beaucoup trop l'instinct de l'individualisme et de l'égoïsme.

Tout le monde comprend en ce moment qu'il y a d'autres mesures à prendre, d'autres règles à déterminer..... mais quelles seront ces mesures, quelles devront être ces règles, nul ne le sait, nul ne le dit.

Nous croyons que notre travail pourrait aider beaucoup à la solution de ce problème.

Occupons-nous d'abord de ce qui existe.

La loi la plus capitale est celle que l'on nomme l'échelle mobile, suspendue présentement, mais existante encore. On a trop dit sur et contre cette loi pour que nous ne la considérions, sinon comme abrogée, au moins comme profondément modifiée.

Pour faire mouvoir cette loi, nous avons les tableaux mensuels et régulateurs officiels des cours des grains, ou pour mieux dire, les prix de vente les plus approximatifs que possible, qui ont été déclarés sur les divers marchés des diverses zones divisées en sections.

Mais ce tableau régulateur nous est présenté un mois, deux mois après que les opérations qu'il signale se sont traitées. Alors à quoi peut nous servir le document déjà caduc? et quelles bases exactes et consciencieuses peut-il présenter alors qu'il y a eu tant et de si grandes fluctuations?

Comment accueillir avec intérêt un renseignement ancien, alors que l'électricité nous permet d'échanger un avis en quelques minutes?

Mais examinons la source de ce document officiel.

Des cultivateurs, des détenteurs viennent déclarer au contrôleur de la halle d'une ville qu'ils ont vendu sur le carreau de la halle dix sacs de blé à dix acheteurs différents, et que le prix de ces ventes a été *à tant*. Les droits de halles, de mesurage ont été perçus.

Mais ces mêmes cultivateurs et détenteurs ont vendu le même jour, sur échantillon et dans un lieu autre que la halle, cinquante, cent sacs de blé de tel poids, de telle qualité, livrable à telle époque et au prix de... soit au-dessus, soit au-dessous de celui des dix sacs vendus et déclarés.

Voilà une déclaration imparfaite, inexacte, qui cependant est recueillie par l'autorité comme sincère et complète et sert à établir une commune, une base.

Partout, en tous lieux, cela se passe ainsi. Nous croyons ces contrôles sans effets sérieux, ces déclarations inutiles, parce qu'elles ne sont pas la représentation fidèle des transactions.

Nous croyons, en un mot, que tout ce qui se trouve en opposition ou en obstacle à la *libre circulation*, à la *libre vente* des grains, est contraire aux intérêts généraux, au développement des grandes institutions, et doit être aboli à tout jamais.

Nous croyons aussi que tout ce qui est panification doit être d'un exercice également libre, sauf les prescriptions d'approvisionnement, d'hygiène et de probité, qui devront être toujours rigoureusement observées.

Alors que l'autorité, à quelque degré qu'elle appartienne, prescrit à une industrie qu'elle ne peut connaître à fond, des limites, des taxes et prix de vente, elle agit à contre-sens de son intention : une autorité, quelque haut placée qu'elle soit, quelque grande que soit son expérience, ne saurait jamais préciser la puissance d'action, les ressources de l'industrie privée développée largement, fortement.

Si donc il arrivait que, par une combinaison quelconque et nouvelle, l'approvisionnement en blé fût démontré possible, appliqué, que cela entraînât à une fixité dans les prix, à une réduction dans le *prix du pain* et de perfectionnement dans sa qualité, tous ces avantages, et ils seraient immenses, seraient *bien et irrévocablement* acquis à la société.

L'institution qui les aurait développés dût-elle succomber, ce qui ne saurait arriver, une autre, d'autres lui succéderaient !

La routine et l'ignorance une fois vaincues ne sauraient reparaître.

Pourquoi donc vouloir se refuser à cette nouvelle expérience ; et alors que notre imprévoyance et l'impuissance de notre système en usage nous causent tant de souffrances, pourquoi songer à opérer seulement une légère modification, un simple replâtrage, qui n'aurait aucune efficacité?

Pourquoi songer à étendre et généraliser un *monopole* odieux, et qui est l'objet de tant de plaintes?

On nous dit dans les bureaux de la Préfecture de police et ailleurs, alors que l'on veut bien nous entendre : Mais votre système prévalant, vous tuez la boulangerie que nous avons organisée ! ! ! Nous répondons que cette sollicitude nous étonne ; que nous ne nous préoccupons ni de la boulangerie, ni de la meunerie telles qu'elles sont, mais que nous nous préoccupons *avant tout* des intérêts généraux, et nous disons à ces messieurs : Faites comme nous ; car si pour nous c'est un besoin, cela est pour vous une nécessité, un devoir ! ! !

On nous dit aussi que nous combattons un monopole pour ensuite devenir nous-même monopoleur.

Si cela était, nous opposerions, nous substituerions le monopole du progrès, de l'intelligence et de l'humanité au monopole de l'ignorance, de la routine et de la cupidité.

Mais nous n'avons pas la pensée du monopole et nous ne deviendrons pas monopoleur : nous réclamons le principe de la liberté sage. Nous n'interdisons à nul autre de faire comme nous ; nous ne voulons pas détruire ce qui existe et nous supplanter brusquement à sa place : nous voulons seulement opposer notre système au leur et attirer à nous, si nous parvenons à mériter d'être préféré. Cela est simple et clair.

La boulangerie de Paris est généralement aisée ; elle présente à l'approvisionnement quelques sacs mis en réserve. Ces sacs de farine entassés dans des greniers et hangars, y moisissent l'hiver par l'action humide, et s'échauffent l'été par l'action chaude ; puis, et alors que cette farine est plus ou moins avariée, elle est remplacée et jetée dans la consommation. On trouve cela admirable ! ! !

Mais quel est l'effet de cet approvisionnement ainsi pratiqué ? Empêche-t-il une disette, comprime-t-il la hausse ? Nullement ; sa négation ressort de son application ; c'est sur la place de Paris que les effets de disette se font sentir d'abord et le plus fortement. C'est à Paris que se déclare la hausse, c'est de là qu'elle part et se répand partout, même à l'étranger. — Vous voulez limiter un nombre qui serait toujours trop grand.

Vous voulez taxer le pain, fixer son prix de vente vous-même, et vous ne connaissez rien à la production du pain ; vous n'écoutez qu'un seul parti, vous vous entourez toujours des mêmes organes et vous vous laissez induire en erreur sans cesse.

Ceux que vous déléguez pour vous représenter sont des hommes fort honorables, bien intentionnés, sans nul doute, mais sans cesse observés, ménagés, flattés par ceux qui ont besoin d'eux, mais ayant une besogne uniforme, concentrée, ne respirant que l'atmosphère de leur bureau.

Avec de tels documents, vous puisez vos oracles dans un sac à charbon et vous n'êtes jamais à la hauteur de la question.

Telle ville de province rejette la limitation du nombre et de la taxe, telle autre l'adopte et fixe le prix du pain sur le cours du blé. Mais il y a du blé de tant de sortes, comment l'apprécier? Telle autre ville fixe le pain sur le cours de la farine. Mais cette farine très blanche, très belle, et qui fera du beau pain, est dépourvue de la part du gluten qu'elle avait. C'est pour cela qu'elle est très blanche, c'est pour cela qu'elle fera un pain sans qualité nutritive, tandis que cette farine bise, d'un coup d'œil peu flatteur, a conservé toute sa richesse glutineuse et fera un pain d'une moyenne blancheur, mais très substantiel!!

Ah! si vous voulez être sages, abandonnez toutes ces prétentions mal fondées.

Développez, protégez la grande industrie. Ce n'est que par elle et avec elle que vous arriverez à la prudence, au progrès, aux prix doux; ce n'est que par elle que vous arrêterez l'élan donné aux mauvaises passions, aux moyens petits et honteux employés pour grossir son lucre.

Résister aux conseils, aux suggestions de la meunerie et de la farinerie, très intéressée au maintien du *statu quo*, qui gagnerait beaucoup en prépondérance si vous étendiez le privilége de la boulangerie au lieu de l'abattre. La farinerie est avant tout pourvoyeuse et maîtresse du marché, et elle profite habilement de vos erreurs, de votre ignorance; elle tient dans ses filets le boulanger; elle le manœuvre selon ses vues et profite largement de la part que vous lui faites.

Nous nous arrêtons ici et nous nous résumons.

C'est chose difficile que de déterminer un *mal* et d'en démontrer le *remède*, alors que ce mal est en quelque sorte inculqué en nous-mêmes, alors que, pour l'extirper, il faut combattre nos passions, réformer nos habitudes.

Nous croyons avoir suffisamment démontré les différentes causes de cherté et de rareté; nous croyons avoir indiqué qu'il serait facile d'y mettre fin.

Le moyen que nous présentons est neuf; il serait radical. Nous avons trouvé qu'il n'y avait rien à prendre dans les vieilles traditions : *Aux grands maux, les grands remèdes.*

Nous voulons placer entre le producteur et le consommateur un seul *corps* tendant à chacun une main vivifiante et protectrice, de même qu'il n'existe plus entre le visiteur et le visité, entre le demandeur et l'expéditeur que *la locomotive*.

Nous voulons constituer ce *corps* solidement et avec le concours de *tous*, afin qu'il soit fort et répande le bienfait partout; de même que la locomotive porte la richesse partout où elle pénètre.

Nous voulons que le *pain*, l'aliment le plus utile, soit l'objet d'une grande et haute industrie, qu'il se produise loyalement, largement et pour tous.

Nous voulons organiser et marcher d'accord avec le pouvoir, qui ne saurait rester neutre en cette question si éminemment *sociale et politique*.

On nous disait, alors que nous étions dans l'abondance, que nous demandions à être entendu : « A quoi sert un changement? Le pain est » assuré et à bas prix. »

En ce moment de craintes, on nous dit .

« Il serait dangereux de s'occuper de changements; cela effraierait » ceux dont nous avons encore besoin ; attendons que le danger soit » passé. »

Pour nous, nous trouvons que le temps est venu de s'occuper d'améliorer, de changer, et nous ne voyons dans les moyens de temporisation qu'une irrésolution, une faiblesse dangereuse.

Nous exprimons le désir que M. le préfet de police ne se renferme pas exclusivement dans une seule pensée, une seule opinion, et veuille s'éclairer de tout point.

Nous désirons que les administrateurs, messieurs les ministres, soient facilement abordables à ceux qui se sont occupés avec ardeur de ces questions économiques, afin que leurs travaux ne restent pas dans le néant.

Nous apprenons que M. le préfet de la Seine, dans sa sollicitude pour les intérêts de la ville et de ses habitants, a présenté au conseil une combinaison nouvelle. Il ne nous appartient pas de l'examiner.

Nous dirons seulement que si cette combinaison est praticable, elle le sera par notre système et en venant s'y confondre. Il est en effet dans la nature des compagnies exploitantes de traiter à forfait à un prix déterminé. Nous pouvons donc aussi présenter à l'administration cette combinaison, et lui offrir les garanties les plus larges, garanties qu'elle ne trouverait jamais en elle-même. Elle serait ainsi débarrassée d'une complication administrative immense et de toutes chances de pertes et d'éventualités.

Ce nouveau système présenterait peut-être l'avantage de pouvoir se confondre plus facilement avec celui en pratique, et de concilier ses intérêts.

Alors que notre système aura été appliqué au département de la Seine, restera-t-il enfermé dans ce cercle? Évidemment, non! Il s'étendra rapidement, et d'abord aux départements les plus populeux, pour ensuite s'étendre à tous; de sorte que, à une époque peu éloignée, le *pain* se produirait sur tous les points dans des conditions de prix et de qualité très satisfaisantes; la consommation s'étendrait, sinon à tous, au moins au plus grand nombre, et alors, et par la communication devenue facile, on pourrait avoir partout des *réserves* et une *unité de prix*.

Paris, le 8 novembre 1853.

P. GOSSET,

8, rue du Faubourg-Poissonnière.

www.ingramcontent.com/pod-product-compliance
Ingram Content Group UK Ltd.
Pitfield, Milton Keynes, MK11 3LW, UK
UKHW022137190726
13855UKWH00003B/1199

9 782013 062145